MARCO POLO

OSTSEEKÜSTE

MECKLENBURG-VORPOMMERN
FISCHLAND, DARSS, ZINGST

Reisen mit Insider Tipps

> Wir lieben die vielgestaltige Landschaft, die oft noch unberührte Natur, die Meeresbrandung, Sanddornhecken, die verträumten Dörfer und lebhaften Badeorte. Und nicht zuletzt die Menschen.
> *MARCO POLO Autoren*
> *Bernd Wurlitzer und Kerstin Sucher*
> (siehe S. 126)

Spezielle News, Lesermeinungen und Angebote zu der Ostseeküste:
www.marcopolo.de/ostseekueste-mv

OSTSEEKÜSTE

> SYMBOLE

MARCO POLO INSIDER-TIPPS
Von unseren Autoren für Sie entdeckt

 **MARCO POLO HIGHLIGHTS**
Alles, was Sie an der Ostseeküste kennen sollten

☼ **SCHÖNE AUSSICHT**

📶 **WLAN-HOTSPOT**

▶▶ **HIER TRIFFT SICH DIE SZENE**

> PREISKATEGORIEN

HOTELS
€€€ über 120 Euro
€€ 90–120 Euro
€ unter 90 Euro
Die Preise gelten für zwei Personen im Doppelzimmer inkl. Frühstück in der Hochsaison

RESTAURANTS
€€€ über 16 Euro
€€ 12–16 Euro
€ unter 12 Euro
Die Preise gelten für ein Hauptgericht ohne Vor- und Nachspeise und ohne Getränke

> KARTEN

[112 A1] Seitenzahlen und Koordinaten für den Reiseatlas Ostseeküste

Karten zu Rostock, Wismar, Greifswald und Stralsund finden Sie im hinteren Umschlag

Zu Ihrer Orientierung sind auch die Orte mit Koordinaten versehen, die nicht im Reiseatlas eingetragen si[nd]

> SZENE

S. 12–15: Trends, Entdeckungen, Hotspots! Was wann wo an der Ostseeküste los ist, verrät der MARCO POLO Szeneautor vor Ort

> 24 STUNDEN

S. 96/97: Action pur und einmalige Erlebnisse in 24 Stunden! MARCO POLO hat für Sie einen außergewöhnlichen Tag in und um Rügen zusammengestellt

> LOW BUDGET

Viel erleben für wenig Geld! Wo Sie zu kleinen Preisen etwas Besonderes genießen und tolle Schnäppchen machen können:

First-class-Wohnen zum Schnäppchenpreis S. 37 | Viele Ermäßigungen mit der Rostock-Card S. 48 | Vogelperspektive gratis in Wustrow S. 56 | Mittagessen ganz günstig in Stralsund zwischen Rathaus und Hafen S. 72 | Kostenlose Radwanderungen durch Usedom S. 86

> GUT ZU WISSEN

Was war wann? S. 10 | Spezialitäten S. 26 | Maritimes Lexikon S. 51 | Bücher & Filme S. 58 | Blogs & Podcasts S. 63 | www.marcopolo.de S. 106 | Was kostet wie viel? S. 107 | Wetter in Greifswald S. 108

AUF DEM TITEL

Nostalgische Fahrt mit der Dampflok S. 92
Lounges an der Küste S. 15

ENTDECKEN SIE DIE OSTSEEKÜSTE!

Unsere Top 15 führen Sie an die traumhaftesten Orte und zu den spannendsten Sehenswürdigkeiten

Die Highlights sind in der Karte auf dem hinteren Umschlag eingetragen

 Hanse Sail Rostock
Maritimes Fest mit Traditionsseglern und mehr als 1 Mio. Besuchern (Seite 23)

 Marktplatz
Wismars Marktplatz, der größte seiner Art in Mecklenburg-Vorpommern, gehört zum Weltkulturerbe (Seite 35)

 Münster
Das Doberaner Münster, Kleinod norddeutscher Backsteingotik, birgt bedeutende Kunstschätze (Seite 40)

 Alter Strom
Warnemündes Flaniermeile mit Geschäften und Restaurants in ehemaligen Fischerhäusern neben vertäuten Segelyachten und Kuttern (Seite 47)

 Darßer Arche
Faszinierende Einblicke in die Werkstatt der Natur im Nationalparkzentrum in Wieck (Seite 58)

 Darßer Ort
Sandwege führen zu diesem wunderschönen Fleckchen in der Nähe von Prerow, wo Sie ein besonderes Naturschauspiel beobachten können (Seite 60)

 Bernsteinschaumanufaktur
Sehen Sie sich um beim größten Schmuckproduzenten im Osten Deutschlands in Ribnitz-Damgarten (Seite 62)

 Freilichtmuseum Klockenhagen
Historische Häuser, Katen, Scheunen und eine Windmühle (Seite 64)

> DIE BESTEN MARCO POLO HIGHLIGHTS

 Kap Arkona

Von drei Türmen auf Deutschlands Nordkap reicht der Blick über die Reste einer Slawenburg weit auf die Ostsee und ins Land (Seite 76)

 Ozeaneum

Tausende von Fischen tummeln sich in Stralsund in rund 6 Mio. Liter Meerwasser (Seite 79)

 Hansedom

Tolle Wassererlebniswelt – bei jedem Wetter in Stralsund zu genießen (Seite 79)

 Pommersches Landesmuseum

Nicht nur wegen der Bilder von Caspar David Friedrich ist das Museum in Greifswald ein Muss (Seite 86)

 Heringsdorf

Traditionsreiches Seebad mit prachtvollen Villen und eleganten Hotels aus der Kaiserzeit und mit der mit 508 m längsten bewirtschafteten Seebrücke Europas (Seite 88)

 Mit dem „Molli" zum Ostseestrand

Mit einer Höchstgeschwindigkeit von 45 km/h fährt die Schmalspurbahn seit rund hundert Jahren dampfend und pfeifend zwischen Bad Doberan und Kühlungsborn (Seite 92)

 **Im „Rasenden Roland"
durch Südost-Rügen**

Die Fahrt in den nostalgischen, von Dampflokomotiven gezogenen Wagen gehört zum Pflichtprogramm eines jeden Rügenbesuchs (Seite 94)

WAS FÜR EINE KÜSTE!

Am Strand von Zinnowitz

AUFTAKT

> Weite Sandstrände vor blauem Himmel, die weiße Gischt der Ostseewogen, traditionsreiche Seebäder mit der typischen Bäderarchitektur sowie stille Dörfer mit rohrgedeckten Häusern bezaubern die Gäste. Aber auch die mittelalterlichen Hansestädte mit ihren wuchtigen Backsteinkirchen, Fischadler und Tausende von Kranichen. Zum interessanten Mix gehört eine lebendige, vielgestaltige Kulturszene. All dies macht die Ostseeküste von Westmecklenburg über die Halbinselkette Fischland-Darß-Zingst bis zu Rügen und Usedom zu einer der beliebtesten Ferienregionen Deutschlands.

> Viele unverwechselbare Bilder hält die 340 km lange Ostseeküste Mecklenburg-Vorpommerns bereit; zu den besonders schönen gehört die Aussicht vom Hochufer westlich des Ostseebades Ahrenshoop: Vorbei an rohrgedeckten Häuschen und Sanddornsträuchern schweift der Blick über den feinsandigen Strand auf die stahlgraue See. Nicht weniger fasziniert der Anblick des Königsstuhls auf der Insel Rügen: Schneeweiß strahlt er in der Sonne über den hier urwüchsigen Steinstrand, eingerahmt vom Grün der Bäume.

Die Landschaft an der Ostseeküste Mecklenburg-Vorpommerns zeigt sich vielfach noch unverfälscht. So kreisen auf der Halbinselkette Fischland, Darß, Zingst noch See- und Fischadler über den Wäldern, im Frühjahr und Herbst bieten Zehntausende von Kranichen an den Boddengewässern ein einzigartiges Naturschauspiel, und der Sturm formt an den naturbelassenen Stränden Kiefern zu pittoresken Gebilden, Windflüchter genannt. Von Jahr zu Jahr verändert die Meeresströmung die Küste. Darßer Ort, der nördlichste Punkt der Halbinsel, ist das größte Anlandungsgebiet der südlichen Ostseeküste. Jährlich wächst die Landspitze um etwa 10 m.

Das Ahrenshooper Hochufer oder Kap Arkona, die Kreidefelsen der Stubbenkammer, der Darßer Urwald – längst sind sie keine Geheimtipps mehr. Die Inseln Hiddensee und Rügen, Usedom und Poel allemal nicht. Zu den landschaftlichen Schönheiten kommt ein weiterer Superlativ: Der Deutsche Wetterdienst hat ermittelt, dass Usedom mit 1906 Sonnenstunden im Jahr Deutschlands sonnenreichste Region ist, gefolgt vom Kap Arkona mit 1825 Stunden.

Seit der Vereinigung der beiden deutschen Staaten boomt der Tourismus – von Boltenhagen im Westen bis Ahlbeck im Osten. Ruhe und Erholung und nicht Rambazamba bis zum frühen Morgen versprechen die Touristiker den Gästen, und ihr Konzept geht auf: Mecklenburg-Vorpommern gehört mit Bayern und Schleswig-Holstein zu den beliebtesten Reisezielen der Deutschen.

Die Wiege des Badelebens in Deutschland steht in Mecklenburg, denn 1793 bestimmte Herzog Friedrich Franz I. von Mecklenburg-Schwerin Doberan zur Sommerresidenz, und im nahen Heiligendamm

> *Usedom ist Deutschlands sonnenreichste Region*

ließ sich Seine Durchlaucht in einem Badekarren in die Ostsee ziehen. In Heiligendamm, wegen seiner weißen klassizistischen Bauten „weiße Stadt am Meer" genannt, promenierten über ein Jahrhundert lang Herzöge und Grafen. Später dann waren es die Seebäder Kühlungsborn und Warnemünde, Binz und Heringsdorf, die sich zu den renommiertesten in Deutschland entwickelten, und sie haben bereits vieles von ihrem alten, guten Ruf wiedererlangt.

Typisch sind für viele Orte zwei- und dreigeschossige Villen mit verschnörkelten Türmchen, verzierten Loggien und korinthischen Säulen, kurz Bäderarchitektur genannt. Diese Architektur ist der Schatz der Ostseebäder Mecklenburg-Vorpommerns. Sie hat Könige und Kaiser, zwei Weltkriege und die DDR überlebt. Mit ihr blieb viel vom Charme der großen Vergangenheit erhalten, sie gibt den Ostseebädern ein unverwechselbares Gesicht.

Reichtum war den Menschen dieser Region nie gegeben. Mecklenburg und Vorpommern gehörten zu den rückständigen Gebieten Deutsch-

den Zeiten der Hanse bessere Jahre erlebt. Mit ihren reichen Kunst- und Kulturschätzen sind sie allein schon eine Reise wert. Mittelalterliche Kir-

> **Die Hansestädte besitzen architektonische Schätze**

chen, Stadttore und Rathäuser künden von einstiger Macht, vom Selbstbewusstsein der Bürgerschaft. Backsteingotik wird der Baustil wegen des Materials und der Formgebung

Erinnerung an Kaisers Zeiten: die Bäderarchitektur mit ihren filigran-verspielten Elementen

lands. Von Bismarck soll das berühmt gewordene Bonmot stammen: "Wenn die Welt untergeht, ziehe ich nach Mecklenburg, denn da passiert alles fünfzig Jahre später."

Nur die Städte Wismar, Rostock, Stralsund und Greifswald haben zu

genannt. Bauwerke in Stralsund und Wismar zählen zu den schönsten dieser Art, deshalb hat die Unesco beide Altstädte zum Weltkulturerbe erklärt.

Der Tourismus bildet im Bundesland Mecklenburg-Vorpommern eine wichtige Erwerbsquelle. Nach der

Einheit wurden fast alle vorhandenen Hotels mit enormen Investitionen modernisiert. Zu den alten, modernisierten Häusern sind neue gekommen; die meisten namhaften Hotelketten sind inzwischen an der Ostseeküste vertreten. Die Hotellerie in Mecklenburg-Vorpommern gehört zur modernsten in Deutschland. In Heiligendamm steht mit dem Kempinski Grand Hotel, in dem sich im Sommer 2007 die Mächtigen der Welt zum G8-Gipfel getroffen hatten, das modernste Hotel an Deutschlands Ostseeküste. In Boltenhagen wurde im Sommer 2008 eine der beeindruckendsten Hotelanlagen im Norden Deutschlands fertiggestellt, die mit dafür sorgen wird, dass Mecklenburg-Vorpommern auch künftig als Tourismusland weit vorn liegen dürfte. Auf einer im Zweiten Weltkrieg künstlich angelegten Halbinsel öffneten sich im TUI-Dorfhotel 200 Apartments und im TUI-Iberotel 198 Hotelzimmer den Gästen sowie ein Yachthafen mit 350 Liegeplätzen.

Vor allem werden Freizeiteinrichtungen gebaut, zum Beispiel für Wellnesserlebnisse, um die Saison zu verlängern und auch, weil im Sommer bisweilen Wolken und Regen den Strandbesuch beeinträchtigen, außerdem sind Ostseetemperaturen von 18 Grad nicht jedermanns Sache.

Die Landschaft wird oft schwärmerisch als Bilderbuchidylle bezeichnet. Die Menschen an der Ostseeküste haben erkannt, dass sie ein Kapital darstellt, das ihnen keiner nehmen kann. Die letzte DDR-Regierung hatte Maßnahmen getroffen, die bizarre Landschaft mit der herrlich zerklüfteten Küstenlinie zu erhalten. Es entstanden etliche Schutzgebiete, so der nur 30 km² große Nationalpark Jasmund auf Rügen. Zu ihm gehören eine über 10 km lange und über 100 m hohe Steilküste. In diesem Park liegen der legendenumwobene Herthasee, der als Aussichtspunkt bekannte Kreidefelsen Vikto-

> **> Schon zu DDR-Zeiten entstanden Naturschutzgebiete**

riasicht und der berühmte Königsstuhl. 805 km² groß ist der Nationalpark Vorpommersche Boddenlandschaft, von dem die Hälfte vom Meer bedeckt ist. Er umfasst Inseln und Halbinseln, darunter Darß, Zingst, Hiddensee und Teile von Westrü-

gen. An Geschichte interessierte Touristen werden sich in das Biosphärenreservat Südost-Rügen aufmachen, um Großsteingräber zu entdecken. Allein auf der Insel Rügen gibt es 54 – eine solche Ansammlung an Megalithgräbern kann keine andere Region Deutschlands vorweisen.

Wer durch diese herbe Landschaft wandert, zwischen Wildrosen und Sanddorn den Flug der Möwen verfolgt, am Strand Bernstein und Muscheln sucht und von Leuchttürmen auf die Weite des Meeres schaut, wird dem bekanntesten mecklenburgischen Dichter Fritz Reuter zustimmen. Der hatte über seine Heimat geurteilt: „As uns' Herrgott de Welt erschaffen ded, fung hei bi Meckelnborg an … und schön is't in'n Ganzen worden, dat weit jeder …"

Die Strandpromenaden sind Bühne für so manchen Brettakrobaten und Selbstdarsteller

▶▶ WAS IST ANGESAGT?

Trends, Entdeckungen und Hotspots! Unser Szene-Scout zeigt Ihnen, was an der Ostseeküste Mecklenburg-Vorpommerns los ist

Jan Berg

ist Journalist und pendelt zwischen seiner Hometown Stralsund und München. Immer wieder bzw. immer öfter zieht es ihn in seine Heimat nach Mecklenburg-Vorpommern. In der Alternativszene verwurzelt, weiß er wo die besten Livelocations zu finden sind. Doch auch die Kulturevents der Region haben es unserem Szene-Scout angetan. Entspannung findet er in der Natur.

▶▶ NEUE WEGE

Freude an der Kunst

Dass Kunst nicht immer ernst sein muss, beweisen die Kreativen und Galerien der Region. Jedes Jahr veranstaltet *Karl's Erlebnisdorf* in Rövershagen eine Eisskulpturenausstellung. Unter Mottos wie „Die geheimnisvolle Galaxie" lassen internationale Eiskünstler traumhaft schöne

Gebilde entstehen, die mit jedem Grad plus ein wenig kleiner werden *(Purkshof 2, www.bauernmarkt.de,* Foto*)*. In Rostock wurde vor Kurzem eine ehemalige Eckkneipe zu einem kulturellen Kleinod umfunktioniert: Die *Galerie Artquarium* hat es sich zur Aufgabe gemacht, Rostock aus dem künstlerischen Dornröschenschlaf wach zu küssen. Ausgestellt werden ausgefallene Schmuckstücke, Modeaccessoires, wundersame Keramikobjekte und Fotografien *(Große Wasserstr. 1, www.artquarium-rostock.de)*. Auch die *Galerie Möller* in Warnemünde ist offen für Nicht-Alltägliches. Sie stellt z. B. Bilder von Holger Koch aus, die dem Betrachter beim zweiten Hinsehen eine Welt voller Kuriositäten eröffnen *(Am Strom 68, Warnemünde, www.galerie-moeller.de)*.

SZENE

▶▶ RÜCKBESINNUNG

Schafgarbe & Co.

Kräuter und Wiesenblumen sind die neuen, alten Zaubermittel der Region. Aus der modernen Küche sind sie kaum mehr wegzudenken und Kräuterwissen und –wanderungen boomen mehr denn je. Besuchermagnet im *Gutshof Bastorf* ist der Biokräutergarten mit mehr als 50 verschiedenen Pflanzen und Essblumen zum Riechen, Fühlen und Schmecken (*Kühlungsborner Str.1, Bastorf, www.gutshof-bastorf.de,* Foto). Rene Geyer nimmt Interessierte mit auf seine Wild- und Heilkräuterwanderung durch das Biosphärenreservat Südost-Rügen. Dabei erklärt er die Wirkung einzelner Kräuter und verrät alte Rezepte (*www.naturgeyer.de*). Gerichte mit Kräutern bringt auch Chefkoch Jörg Gleißner im Restaurant *1900* auf die Teller. Vor der Küche hat er Kräuter wie Wildkerbel angebaut, die er dann mit Fisch und Gemüse kombiniert (*Grenzstr. 1, Seebad Heringsdorf*).

▶▶ DIE KÜSTE BEBT!

Live und laut

Die Musikszene der Ostseeküste hat es in sich. Rockige Sounds, echte Emotionen und wirkliche Handfertigkeit stehen dabei im Mittelpunkt. Mit feinen Akustiksounds zwischen Folk und Indiepop begeistert Singer/Songwriter Florian Sievers (*www.myspace.com/talkingtoturtles,* Foto). Das *Campus Open Air Wismar* entwickelt sich vom Geheimtipp zum Magneten für Tausende Musikfans, die sich im Herbstsemester auf der Campuswiese treffen (*www.campusopenairwismar.de*)! Regelmäßig Liverockkonzerte gibt's im *Caddy Club Stralsund* (*Alter Markt 14, www.caddy-club-stralsund.de*). Konzerte, Kabarett und Lounge in einem: Der beste Platz um Rock live zu erleben, ist die *Kulturschmiede Stralsund* (*Langenstr. 24 b, www.kulturschmiede-stralsund.de*).

▶▶ EN VOGUE

Modisch die Nase vorn

Mecklenburg-Vorpommerns Modedesigner machen mit eleganten Kreationen auf sich aufmerksam. Topdesigner Andrej Subarew aus Wismar steht für extravagante und zugleich tragbare Mode, für die er schon zahlreiche Preise eingeheimst hat. Sein neuester Clou: das Spannungsfeld zwischen alt und jung in der Mode in Szene zu setzen *(www.subarew.com,* Foto). Urbane Fashiontrends shoppt man bei *Hausmarke* in Stralsund *(Im StrelaPark, Grünhufer Bogen 13–17, www.hausmarke-fashion.com).* Die Topadresse für trendy Schuhmode ist die Schuhboutique *La Scarpa* in Binz auf Rügen *(Hauptstr. 5).*

▶▶ SAVE THE EARTH

Naturschutz in Aktion

Unzählige Vereine und Organisationen haben es sich zur Aufgabe gemacht, die Region und ihre Natur zu schützen. Die Stiftung *Umwelt- und Naturschutz Mecklenburg-Vorpommern* setzt sich u. a. für die Erhaltung des Kopfhainbuchenwaldes Jassewitzer Busch (Foto) mit seinem 250 Jahre alten Baumbestand in der Nähe von Wismar ein *(www.stiftung-naturschutz-mv.de).* Wer selbst etwas tun möchte, engagiert sich als Pate für den Erhalt der Rügener Alleen. Gemeinsam mit dem *Bund für Umwelt und Naturschutz* kümmern sich Naturfreunde um Schutz und Pflege der grün-goldenen Tunnel sowie um Nach- und Neupflanzungen z. B. an der Kreisstraße 5. Auch finanzielle Unterstützung hilft: mit 3 Euro monatlich oder einmalig 60 Euro helfen Patenschaften die bedrohten Baumbestände zu bewahren *(www.bund.net/bundnet/themen_und_projekte/naturschutz/alleenschutz).* Im *Naturschutzzentrum Karlshagen* erfahren Interessierte alles Wissenswerte über das Ökosystem der Insel Usedom *(Dünenstr., Ostseebad Karlshagen, www.naturschutzzentrum-karlshagen.de).*

▶▶ LÄSSIG LOUNGEN

Stylishes Nightlife

Man liebt es stilvoll und lässig: Lounges & Co sind die Favoriten der Nachtschwärmer. In der *Bacio Lounge* in Rostock treffen moderne auf klassische Elemente: Die stylishen Loungeflächen im ersten Stock sind mit aufwendigen Lichtinstallationen perfekt in Szene gesetzt (Warnowufer 60, *www.bacio-lounge.de,* Foto). Gleich nebenan trumpft die *Chill-out-Lounge* mit flauschigen Couches und coolen Cocktails (Warnowufer 61, Rostock). Auf gemütlichen Ledersitzgruppen loungen Partypeople im mittelalterlichen Kellergewölbe der *Black Pearls Lounge.* Die helle Einrichtung und indirektes Licht sorgen für Chill-out-Atmosphäre vom Feinsten (Ossenreyer 6/7, Stralsund, *www.blackpearls-lounge.de*).

▶▶ HANDBALL AM STRAND

Für Beachboys und Beachgirls

Der Trendsport an den Stränden? Ganz klar, Beachhandball. Gespielt wird barfuß und vier gegen vier. Bei den *Rostocker Beachhandballtagen* treten jedes Jahr im Juli 32 Teams aus aller Welt gegeneinander an. Klar, dass nach den Turnieren am Warnemünder Strand auch Beachpartys auf dem Programm stehen (*www.warnemuender-woche.de/beachhandball*). Für Spaß im Sand sorgt auch der *Fun Regenbogen Cup* in Prerow (*www.regenbogen-camp.de*). Mit dem *Rostocker Beach Club* wurde der erste Verein für den Trendsport gegründet (*www.rostocker-beach-club.de*).

▶▶ DESIGNSPAS

Konzentration auf das Wesentliche

Das Erfolgsrezept der Spas in Mecklenburg-Vorpommern ist eine Kombination aus Design und durchdachten Anwendungen. Klare Linien und warme Farben machen das *Meersinn Spa* im gleichnamigen Designhotel zu einer Wohlfühloase mit Stil. Ein Rundumprogramm sorgt für Entspannung für Körper und Geist (Schillerstr. 8, Binz, *www.meersinn.de*). Der Hit im durchdesignten Spa des *Ahlbeck Hotels* ist die warme Sandliege: einfach im Sand eingraben lassen und die wohltuende Wärme genießen (Dünenstr. 48, Seebad Ahlbeck, *www.spa-ostsee.de*, Foto). Das minimalistische Interieur des *Senso Spa* im *Hotel Cerês* am Meer wirkt beruhigend (Strandpromenade 24, Binz, *www.ceres-hotel.de*).

> STÖRTEBEKER, STRANDKÖRBE UND EIN STÄDTEBUND

Die Ostseeküste Mecklenburg-Vorpommerns beeindruckt mit vielfältiger Natur und reicher Historie

BERNSTEIN

Versteinertes Harz von Nadelbäumen, das älter als 1 Mio. Jahre ist, wird Bernstein genannt. Der Bernstein an der Ostseeküste Mecklenburg-Vorpommerns entstand vor 40 Mio. Jahren aus den damals hier vorhandenen subtropischen Wäldern.

Insbesondere Nordweststürme spülen Bernstein an den Strand. Bernstein lässt sich bohren, sägen und schleifen; poliert glänzt er fast wie Edelstein. Bereits in ur- und frühgeschichtlicher Zeit war er als Schmuckstein begehrt, wie Funde in Großsteingräbern belegen.

Bernsteinstücke mit eingeschlossenen Pflanzenresten und Insekten, vornehmlich Fliegen und Mücken, werden als Inklusen bezeichnet. Das Bernsteinmuseum in Ribnitz-Damgarten und das kleinere Bernsteinmuseum in Sellin auf Rügen zeigen ei-

Bild: Häuserdetail in der Hansestadt Stralsund

STICH WORTE

nige erstaunlich gut erhaltene Einschlüsse. Durch sie wissen wir, welche Insektenarten vor mehr als 40 Mio. Jahren in diesem Gebiet lebten.

FAUNA

Zur Küste gehören die Möwen mit ihrem Gekreische. Sie brüten auf dem Boden, oft umfassen die Kolonien Tausende von Paaren. Am häufigsten sieht man die an ihrem roten Schnabel erkennbare Lachmöwe. Die Silbermöwe ist durch den roten Punkt auf dem gelben Schnabel von der Sturmmöwe zu unterschieden. Die Region Westrügen–Bock–Zingst ist der bedeutendste Kranichrastplatz Mitteleuropas – bis zu 40 000 der beeindruckenden Großvögel rasten hier jeweils im Frühjahr und im Herbst.

Die Fischer fangen in der Ostsee vor allem Dorsch, Flunder oder Aal, in den Boddengewässern Hecht,

Barsch und Zander. Im Frühjahr sammeln sich große Heringsschwärme im Greifswalder Bodden.

Nach Sturmtagen liegen zu Tausenden die Schalen der weißen bis gelben Herzmuschel und die der weiß bis rosa gefärbten Pfeffermuschel am Strand. Häufig wird die an der schwarzen Schale erkennbare Miesmuschel angetrieben. Im Wald leben Reh-, Rot- und Damwild sowie Wildschweine.

FLORA

Typisch sind die angelegten Kiefernforste. Die von Weststürmen eigenartig verformten Kiefern, deren Kronen manchmal fast waagerecht zur windabgeschirmten Seite wachsen, werden Windflüchter genannt. Bei Nienhagen, westlich von Rostock, gibt es den Gespensterwald. Die bizarr ge-

formten Bäume lassen mit ein wenig Phantasie Märchen- und Fabelwesen erkennen. Buchenwälder wachsen im Nationalpark Jasmund auf der Insel Rügen. Geschützt sind der Meerkohl, eine bis zu 70 cm hohe, buschartig verzweigte Pflanze, und die bis zu 40 cm hoch wachsende Stranddistel mit kugelartigen Blüten.

CASPAR DAVID FRIEDRICH

Die Bilder des 1774 in Greifswald geborenen Malers haben die Ostseeküste Vorpommerns weit über Deutschlands Grenzen hinaus bekannt gemacht. Friedrich malte mit Vorliebe Naturerscheinungen sowie Landschaften. Zwei seiner berühmtesten Gemälde stellen die Klosterruine Eldena seiner Geburtstadt und

Die Natur erschafft ihre eigenen Kunstwerke, wie hier bei Prerow auf dem Darß

Kreidefelsen auf Rügen dar. Die immer wieder aufgestellte Behauptung, der Künstler habe die im Februar 2005 abgestürzten Wissower Klinken gemalt, konnte anhand von Skizzen widerlegt werden. Das Bild zeigt die Viktoriasicht zur Zeit der Romantiker. Sturm, Regen und Frost haben die Kreidefelsen seither gewaltig verändert. Das Pommersche Landesmuseum in Greifswald besitzt sieben Ölgemälde und ein Aquarell des Künstlers. Caspar David Friedrich war Mitglied der Berliner und der Dresdner Kunstakademie.

HANSESTÄDTE

Rostock, Stralsund, Wismar und Greifswald gehörten im Mittelalter zu den mächtigsten Mitgliedern des Städtebunds der Hanse. 1990 besannen sich die Städte auf diese Tradition und tragen seither wieder den Beinamen Hansestadt – das H im Autokennzeichen verweist darauf.

Die Hanse, eine lockere, aber dauerhafte Vereinigung, veranstaltete ihre erste Zusammenkunft 1356 in Lübeck. Ihr Einfluss reichte von Brügge und London bis Nowgorod. Der Hanse gehörten zeitweise bis zu 200 Städte an. Der letzte Hansetag fand 1669 statt. An ihm nahm von den mecklenburgischen und vorpommerschen Hansestädten nur noch Rostock teil.

LEUCHTTÜRME

Entlang der Ostseeküste Mecklenburg-Vorpommerns gibt es zehn Leuchttürme. Der älteste steht auf Kap Arkona (Insel Rügen), er ist der berühmteste, weil ihn Karl Friedrich Schinkel 1825 entworfen hat. Nachdem der Turm 1901 durch den daneben neu erbauten Leuchtturm funktionslos geworden war, kam die Ausstattung in das Berliner Reichsverkehrsmuseum, wo sie im Zweiten Weltkrieg verloren ging. Das Blinkfeuer des Kap Arkonaer Leuchtturms ist 40 km weit zu sehen, das des Leuchtturms auf dem Hiddenseer Dornbusch 45 km weit. Der höchstgelegene Leuchtturm Deutschlands mit dem Namen Buk blinkt seit 1878 bei Kühlungsborn. Der Turm ist 21 m hoch, der Bastorfer Berg, auf dem er steht, jedoch 78 m. Auf die Türme von Buk, Warnemünde, Darßer Ort, Kap Arkona und Hiddensee dürfen Besucher hinaufsteigen.

PLATTDEUTSCH

Nach dem Rückgang des Lateinischen war Plattdeutsch bzw. Niederdeutsch vom 14. Jh. an in Norddeutschland Amtssprache. Ab dem 16. Jh. nahmen der Adel und das Bürgertum das Hochdeutsche an; Plattdeutsch blieb die Umgangssprache der einfachen Menschen. Heute dient Plattdeutsch als Sammelbegriff für die verschiedenen, in Norddeutschland gesprochenen Dialekte, wobei das Mecklenburger und das vorpommersche Platt kaum Unterschiede aufweisen. Die Jungen reden kaum Plattdeutsch, die Älteren an der Ostseeküste von Mecklenburg-Vorpommern verwenden es dagegen noch häufig. Binnenländlern fällt es meist schwer, den Inhalt eines in Plattdeutsch geführten Gesprächs vollständig zu verstehen. Aber nur *Döös-*

Stumme Zeugen langer Strandtage

Ralswieker Freilichtbühne auf Rügen in neue Abenteuer. Mehr als 300 000 Zuschauer verfolgen jährlich das mit rund 180 Mitwirkenden und 30 Pferden aufwendig inszenierte Spektakel. Die aufgeführten Stücke erzählen von den großen Taten des Volkshelden, der im 14. Jh. auf Ost- und Nordsee operierte, 1400 vor Helgoland gefangen und 1401 in Hamburg hingerichtet wurde.

STRANDKÖRBE

Der Rostocker Hofkorbmachermeister Wilhelm Bartelmann gilt als der Erfinder des Strandkorbs. 1882 baute er einer älteren, rheumakranken Dame einen mit Markisenstoff überdachten Rohrstuhl als Windschutz, der einem hochgestellten Wäschekorb glich. 1883 annoncierte Bartelmann im Allgemeinen Rostocker Anzeiger: „Badegästen empfiehlt Bartelmann Strandkörbe als Schutz gegen Sonne und Wind …" Und seine Ehefrau eröffnete 1884 in Warnemünde den ersten Strandkorbverleih an der Ostseeküste. Internationale Berühmtheit erlangte der Strandkorb beim G-8-Gipfel 2007 in Heiligendamm. In Heringsdorf auf Usedom fertigt eine Fabrik noch heute Strandkörbe in traditioneller Handarbeit.

baddel (Dummköpfe) lernen nicht schnell, dass kieken gucken heißt, klönen sich unterhalten, n' lütten heben einen Schnaps trinken und dass man hinterher antütert (angeheitert) sein kann.

STÖRTEBEKER

Den legendären „Robin Hood der Ostsee" beanspruchen insgesamt zwölf Städte und Dörfer für sich. Einer der Sagen zufolge ist er in Ruschvitz auf Rügen geboren, eine andere erzählt, in einer Höhle am Streckelberg bei Koserow auf Usedom habe er einen Schlupfwinkel besessen. Jedes Jahr in den Sommermonaten stürzt sich ein Schauspieler in der Rolle des berühmten Piraten auf der

THALASSO-THERAPIE

Meerwasser heilt und macht schön. Das wussten schon die Römer und die alten Ägypter. In unseren Tagen wurde die Thalassotherapie (thalassa – griech.: das Meer) wiederentdeckt

❯ www.marcopolo.de/ostseekueste-mv

und wird heute von mehreren Hotels angeboten. Doch Original-Thalasso ist in Deutschland bislang nur im Thalasso-Vital-Center Arkona Spa des Hotels Neptun in Rostock-Warnemünde zu haben *(www.hotel-neptun.de)*. Dort füllt täglich frisch eingelassenes Meerwasser, das über eine Pipeline befördert wird, Pool und Wannen.

WELLNESS

Wellness heißt auch an der Ostseeküste von Mecklenburg-Vorpommern der Megatrend. Immer mehr Hotels bieten ihren Gästen exklusiv ausgestattete Wellnessbereiche für unterschiedliche Wohlfühlerlebnisse an. Damit bei diesem großen Angebot Qualität garantiert wird, hat Mecklenburg-Vorpommern 2004 als erstes Bundesland ein Qualitätssiegel für Wellnesshotels und Freizeitbäder

eingeführt. Nur wer eine Prüfung durch den Deutschen Wellnessverband bestanden hat, bekommt dieses Gütesiegel verliehen. So kann der Gast sicher sein: Wo Wellness draufsteht, ist auch Wellness drin.

ZEESENBOOTE

Bis in die 60er-Jahre des 20. Jhs. waren die robusten, bis zu 12 m langen Zeesenboote auf den Boddengewässern zum Fischfang unterwegs. Denn wegen ihres geringen Tiefgangs waren sie dafür prädestiniert. Benannt sind die für Deutschland einzigartigen Fischereifahrzeuge nach der Zeese, einem beutelartigen Schleppnetz, das durch das Wasser gezogen wurde. In den vergangenen Jahren erlebten die Zeesenboote ein Comeback als Regattasegler und für Touristenfahrten. Charakteristisch sind auch heute noch die braunen Segel.

DAS KLIMA IM BLICK
Handeln statt reden   atmosfair

Reisen bereichert und verbindet Menschen und Kulturen. Jedoch: Wer reist, erzeugt auch CO_2. Dabei trägt der Flugverkehr mit bis zu 10 % zur globalen Erwärmung bei. Wer das Klima schützen will, sollte sich somit nach Möglichkeit für die schonendere Reiseform (wie z.B. die Bahn) entscheiden. Wenn keine Alternative zum Fliegen besteht, so kann man mit *atmosfair* handeln und klimafördernde Projekte unterstützen.

atmosfair ist eine gemeinnützige Klimaschutzorganisation.

Die Idee: Flugpassagiere spenden einen kilometerabhängigen Beitrag für die von

ihnen verursachten Emissionen und finanzieren damit Projekte in Entwicklungsländern, die dort helfen den Ausstoß von Klimagasen zu verringern. Dazu berechnet man mit dem Emissionsrechner auf *www.atmosfair.de* wie viel CO_2 der Flug produziert und was es kostet, eine vergleichbare Menge Klimagase einzusparen (z.B. Berlin–London–Berlin: ca. 13 Euro). *atmosfair* garantiert, unter der Schirmherrschaft von Klaus Töpfer, die sorgfältige Verwendung Ihres Beitrags. Auch der MairDumont Verlag fliegt mit *atmosfair*.

Unterstützen auch Sie den Klimaschutz: *www.atmosfair.de*

UMZÜGE, KONZERTE, FILMFESTIVAL

Die Region hat hochkarätige musikalische wie sportliche Events sowie traditionsreiche Feste zu bieten

> Vor allem in der warmen Jahreszeit ist an der Ostseeküste immer und überall etwas los. Strand-, Fischer- und Neptunfeste wechseln sich ab. Einige Veranstaltungen haben Tradition, wie das Tonnenabschlagen auf der Halbinselkette Fischland, Darß, Zingst. Andere, z.B. Musikfestivals, sind inzwischen sogar von überregionaler Bedeutung.

FEIERTAGE

1. Jan. Neujahr; **Karfreitag; Ostermontag; 1. Mai** Tag der Arbeit; **Himmelfahrt; Pfingstmontag; 3. Okt.** Tag der Deutschen Einheit; **31. Okt.** Reformationstag; **25. und 26. Dez.** Weihnachten

VERANSTALTUNGEN

Frühjahr und Herbst
Usedom Baltic Fashion: die große Oper der Modepräsentation. Im April und im Oktober zeigen namhafte Designer und Modehäuser ihre Kollektionen im Forum Usedom, Heringsdorf. Tel. 038378/ 244 16 | *www.baltic-fashion-award.de*

Juni bis September
Tonnenabschlagen: Der Brauch rührt aus der schwedischen Besatzungszeit. Als die letzte Tonne Fisch für die Steuer abgeliefert war, zerschlugen die Fischer aus Freude darüber bunt geschmückte Heringsfässer. Daraus entwickelte sich das Tonnenabschlagen, das in den Sommermonaten in fast allen Orten der Halbinselkette Fischland, Darß, Zingst stattfindet: Eine Holztonne wird aufgehängt, Reiter reiten darunter hindurch und versuchen, mit einem Knüppel ein Stück davon abzuschlagen; wer das letzte Stück der Tonne abschlägt, wird zum Tonnenkönig erklärt. *Tel. 038324/64 00 | www.fischland-darss-zingst.de*
Festspiele Mecklenburg-Vorpommern: Rund hundert Konzerte werden beim größten Musikfestival Mecklenburg-Vorpommerns von internationalen Stars und der jungen Elite an ungewöhnlichen Spielorten, etwa einem Landgestüt, aufgeführt. *Tel. 0385/591 85 85 | www.festspiele-mv.de*

Aktuelle Events weltweit auf www.marcopolo.de/events

> EVENTS
FESTE & MEHR

Störtebeker-Festspiele: Klaus Störtebeker, der Robin Hood der Ostsee, stürzt sich Jahr für Jahr auf der Freilichtbühne am Großen Jasmunder Bodden in Ralswiek auf Rügen in spannende Abenteuer. *Mo–Sa 20 Uhr | Tel. 03838/311 00 | www.stoertebeker.de*

Juli

Warnemünder Woche: das bedeutendste Segelsportereignis der Region, eine Woche lang in der ersten Julihälfte. Traditionell findet in Warnemünde am ersten Juliwochenende der **Umgang** (Umzug in historischen Kostümen) statt. Ein Riesenspaß ist das *Waschzuberrennen.* *www.warnemuende.de, www.warnemuender-woche.de*

Insider Tipp

Sundschwimmen: Etwa tausend Schwimmer beteiligen sich an dem bedeutendsten deutschen Langstreckenschwimmen, das über 2,3 km von Altefähr auf Rügen nach Stralsund geht. Das Kinderschwimmen endet nach 1,1 km.
Wallensteintage: Das Historienspektakel an einem Wochenende um den 24. Juli

in der City von Stralsund mit Söldnern und Kanonieren, Händlern, Musikanten und Gauklern erinnert an 1638, als Feldherr Wallenstein die ergebnislose Belagerung Stralsunds beendete.

August

⭐ *Hanse Sail Rostock:* Imposante Windjammer, Traditionssegler und Museumsschiffe geben sich vier Tage lang in der ersten Augusthälfte ein Stelldichein. Das große maritime Fest zieht jährlich bis zu 1 Mio. Besucher an. *Tel. 0381/208 52 33 | www.HanseSail.com*
Zappanale: viertägige Mammutparty in Bad Doberan. Tausende von Rockfans huldigen Mitte des Monats der Musik des legendären Frank Zappa. *www.zappanale.de*

Dezember

Rostocker Weihnachtsmarkt: Mit mehr als 200 Schaustellern und Händlern sowie einer 2,5 km langen Marktbebauung ist er der größte Weihnachtsmarkt ganz Norddeutschlands.

Insider Tipp

> FISCH, TÜFTEN UND KÖM

Die Experimentierfreude junger Sterneköche und das Traditions-
bewusstsein haben eine interessante Küche geschaffen

> **Gastronomisch hat man an der Küste von Mecklenburg-Vorpommern ordentlich zugelegt. Die vom kargen Angebot diktierte Eintönigkeit der DDR-Küche gehört der Vergangenheit an.**
Fleißig haben die Köche in Großmutters Kochbüchern gekramt und viele längst vergessene Rezepte hervorgeholt. Immer mehr von ihnen dürfen sich mit Kochlöffeln oder Sternen schmücken, die ihnen Gastronomieführer zuerkennen.

Wer an die Ostseeküste reist, möchte Fisch essen. Fisch war und ist der kulinarische Spitzenreiter, fast immer kommt er fangfrisch direkt vom Kutter in die Restaurantküche. Aus der Ostsee werden Hering, Dorsch, Flunder, Aal und Lachs geholt, aus den Boddengewässern vor allem Barsch, Zander, Karpfen und Hecht.

In den Monaten März und April dreht sich alles um den Hering, das „Silber des Meeres". Der Hering war

Bild: Schuster's Strandbar in Rostock

ESSEN & TRINKEN

bis Anfang des 20. Jhs. ein Essen für arme Leute. Heute gilt er als Delikatesse. Auf Usedom und Rügen wird jährlich im April zu den *Heringswochen* geladen.

Hat der Hering gelaicht und ist weitergezogen, kommt der Hornfisch, der bis zu einem Meter lang wird, aus den portugiesisch-spanischen Gewässern zum Laichen in die Ostsee geschwommen. Der Hornfisch, auch Maiaal genannt, ist an grünen Gräten und der lang gezogenen, zylinderartigen Form mit dem spitz zulaufenden Maul zu erkennen.

Die Fischer liefern ihre Ware nicht nur an Restaurants, viele bieten sie auch zum Verkauf an. Bereits am frühen Morgen weisen qualmende Räuchertonnen den Weg zu den Fischerhütten. Die Kunst des Räucherns wird von Generation zu Generation weitergegeben. Man muss den richtigen Zeitpunkt, zu dem der Fisch goldgelb ist und sich die Haut leicht lösen lässt, im Gespür haben. Holz von Erle und Birke geben den Fischen vor allem die gute Farbe, das von Buche und Eiche den gewünschten Geschmack. Aber wie viel von welchem Holz zu nehmen und wann welches nachzulegen ist, das bleibt Geheimnis der Fachleute.

In den Küstenregionen konnten sich teure Köstlichkeiten einst nur wenige leisten, auf den Tisch der Fischer und Landarbeiter kam, was vor der Tür der rohrgedeckten Häuschen wuchs und was in den nahen Gewässern schwamm: Kartoffeln, Kohl, Rüben, Schweinefleisch, Geflügel und Fisch. Die *Tüften,* wie hierzu

 > SPEZIALITÄTEN

Genießen Sie die typische Küche der Ostseeküste!

Aal in Dillsoße – Die Soße besteht aus einem aus Wasser, Wein, fein gehackter Zwiebel, Lorbeerblatt und Zitronenschale hergestellten Sud, in dem der Aal gegart wird. Sie wird mit Sahne und Eigelb legiert. Fein gehackter Dill kommt ganz zum Schluss dazu.

Gebratener Hornfisch – In heißem Öl gebratene Fischstücke, die mit Senfsoße, Salzkartoffeln und frischem Salat serviert werden. Den grätenreichen Hornfisch gibt es allerdings nur im Frühsommer.

Gefüllter Schweinerücken – Schweinerücken mit einer Hackfleischmasse gefüllt, unter die klein geschnittene Backpflaumen gemischt sind

Klopfschinken – Rohe Schinkenscheiben werden einige Stunden in mit Muskat gewürzter Milch eingelegt, dann in verquirltem Ei und Paniermehl gewendet und in Öl goldbraun gebacken. Als Beilage gibt es in Butter gebratene Waldpilze, grünen Salat, gedünstetes Gemüse und Kartoffeln.

Labskaus – Durch den Fleischwolf gedrehte, gepökelte Rinderbrust vermischt mit einem Püree aus Kartoffeln, Heringsfilets und eingelegten roten Beten. Von diesem alten Seefahrergericht gibt es mehrere Varianten, eins ist jedoch immer gleich: Auf das Labskaus kommt ein Spiegelei.

Mecklenburgische Fischsuppe – Dorsch-, Zander-, Barsch- oder Bleistreifen sowie in Streifen geschnittenes Gemüse in einem Fischsud. Leicht sämig wird die Suppe durch Weizengrieß. Vor dem Servieren bestreut man sie mit frischen Küchenkräutern.

Rote Grütze – Johannis-, Erd- oder Himbeeren, auch Kirschen werden gekocht und mit Stärkemehl zu Grütze gebunden. Abgeschmeckt wird mit einer Prise Zimt. Man reicht die in den Küstenregionen beliebte Nachspeise mit Vanillesoße (Foto)

lande Kartoffeln genannt werden, sind die beliebteste Beilage. Auf Usedom zeigen die Köche jährlich im Herbst zu den *Tüftentagen,* wie lecker sich die kleinen Knollen zubereiten lassen.

Ähnlich steht es mit dem Kohl, der in der Vergangenheit in vielen Familien auf Rügen im Winter den Speiseplan bestimmte, denn Kohleintopf ließ sich mehrere Tage aufwärmen. Heute ist er kein Armeleuteessen mehr. Kohl, der auf der Rügener Halbinsel Wittow prächtig gedeiht, wird im Herbst sogar in Gourmetrestaurants angeboten, wenn es auf Deutschlands größter Insel heißt: „Rügen im Kohlfieber".

Manches, das die Mecklenburger und die Vorpommern mögen, ist für Gäste von außerhalb etwas gewöhnungsbedürftig. Denn Rosinen im Grünkohl, Backpflaumen im Gänseoder Honig am Rippenbraten sind nun wirklich nicht allgemein üblich. Aber hier schätzt man eben die süßsaure Geschmacksrichtung.

Etliches erinnert an die schwedische Küche, denn große Landesteile gehörten fast 200 Jahre lang zu Schweden. Anregungen für die heimische Küche brachten auch die über die Weltmeere schippernden Seeleute mit und später dann die Feriengäste, die aus allen Regionen Deutschlands angereist kamen.

Die Küstenwälder sind wildreich, und so bieten viele Köche ihren Gästen schmackhafte Wildgerichte an. Hirsch und Reh, aber auch Schwarzwild werden vorzüglich zubereitet. Die dazu notwendigen Kräuter stammen nicht selten aus dem eigenen Garten und die für die Geschmacks-

verfeinerung verwendeten Pilze und Beeren aus dem nahen Wald.

Am Nachmittag wird, vor allem auf Hiddensee, leckerer Sanddornkuchen angeboten. Köstlich schmecken auch Sanddorneis und Sanddornlikör. Der Sanddornstrauch wird bis zu 2 m hoch und entwickelt orangerote, sehr vitaminhaltige Früchte. In kleinen Restaurants werden die Sanddornerzeugnisse meist aus selbst ge-

Überall an der Küste finden Sie gute Restaurants, von elegant bis gemütlich

pflückten Beeren zubereitet. Die Rezepte sind allerdings geheim.

Wen in der kalten Jahreszeit nach einem Strandspaziergang friert, dem ist zum Aufwärmen ein *Köm* (klarer Kümmelschnaps) oder ein Grog zu empfehlen. Das Rezept dafür lautet: Auf zwei Stück Zucker gießt man so viel Rum oder Weinbrand, bis das Glas zur Hälfte voll ist, dann mit siedend heißem Wasser auffüllen. Nach dem Genuss wird jedem warm!

BUDDELSCHIFFE UND BERNSTEIN

Das „Gold des Nordens" und maritime Kunst sind beliebte Mitbringsel von einem Urlaub an der Küste

> Die Auswahl an typischen Mitbringseln reicht von maritimen Stücken bis zu Landschaftsbildern. In vielen Orten gibt es kleine, hübsche Geschäfte. In Boltenhagen im Westen und in Rambin auf Rügen im Osten werden in alten Scheunen regelmäßig große Märkte veranstaltet. Hier bekommen Sie regionale Spezialitäten und regionales Kunsthandwerk in stimmungsvoller Umgebung.

BERNSTEIN- & GOLDSCHMUCK

An erster Stelle rangiert in der Gunst der Touristen nach wie vor *Bernsteinschmuck*, der an der gesamten Küste in großer Auswahl angeboten wird. Wer mehr ausgeben möchte, der sollte eine Goldschmiede auf der Insel Rügen oder in Stralsund aufsuchen. Dort gibt es verkleinerte Nachbildungen des berühmten *Hiddenseer Goldschmucks* als Brosche, Anhänger oder Ring. Der aus 16 Einzelteilen bestehende Brustschmuck entstand vermutlich vor tausend Jahren. In der Originalform haben die Hängekreuze

mit einem stilisierten Vogelkopf eine Höhe von genau 6,4 bzw. 5 cm.

BUDDELSCHIFFE

Nach wie vor beliebt sind die Buddelschiffe, von denen die kleinsten nur streichholzschachtelgroß sind. Hinter der Binnenländlern oft unbekannten Bezeichnung verbirgt sich ein maßstabsgerechtes Schiffsmodell in einer Flasche, niederdeutsch Buddel genannt. Die aus Holz geschnitzten Schiffsteile und die Papiersegel werden mit einem Faden zusammengenäht und als längliches Paket durch den Flaschenhals geschoben. Die Masten richten sich in der Buddel durch Ziehen am Faden auf. Die Kunst besteht darin, dass die Masten nicht brechen.

EINKAUFSMEILEN

Zum Shopping fährt man am besten in die großen Städte, nach Wismar beispielsweise, dessen Einkaufsstraße sich hinter dem Markt befindet. In Greifswald konzentrieren sich die Geschäfte in der *Langen Straße* und dem sich anschlie-

> EINKAUFEN

ßenden Teil, der *Schuhhagen* heißt. Rostocks Bummel- und Einkaufsboulevard ist die *Kröpeliner Straße*, in Stralsund findet man die meisten Geschäfte in der *Ossenreyerstraße*.

KERAMIK

Wer Keramik liebt, sollte sich die *Fischlandkeramik* aus Ahrenshoop oder die *Rügenkeramik* aus Putgarten/Arkona und Middelhagen anschauen; die künstlerische Gestaltung und die gute Qualität rechtfertigen den Preis. Die kunstvollen Dekore basieren auf der Technik der Fayencemalerei und der Ritztechnik.

SANDDORN

Beliebt sind Erzeugnisse aus Sanddorn. Die kleinen orangefarbenen Früchte, die im Herbst von den wild wachsenden Sträuchern geerntet werden, enthalten zehnmal mehr Vitamin C als eine Zitrone. Deswegen wird der Sanddorn auch „Zitrone des Nordens" genannt. Verarbeitet werden die Beeren u. a. zu Säften, Marmelade und sogar zu Kosmetikprodukten.

STRANDGUT

Zu den beliebtesten Souvenirs gehören jene, die die Natur geschaffen hat und die es in ausgewählten Geschäften gibt: versteinerte Seeigel, Bernsteinstückchen und verschiedene Muscheln. Beliebt sind auch kleine versteinerte Skelettreste von urweltlichen Tintenfischen, die die Einheimischen Donnerkeile nennen. Durchlöcherte Feuersteine heißen Hühnergötter. Einst wurden diese Millionen Jahre alten Steine in Hühnernester gelegt, weil man glaubte, sie würden die Legefreudigkeit der Hennen verbessern. Heute wandern sie als Glücksbringer in die Geldbörsen.

STRANDKÖRBE

Wer ein größeres Souvenir kaufen und einen Strandkorb für die heimische Terrasse anschaffen will: In Heringsdorf gibt es die älteste deutsche *Strandkorbfabrik (Bühlowstr./Ecke Brunnenstr.)*. Hier kann man sich den Strandkorb in Form und Farbe ganz nach seinen individuellen Wünschen anfertigen lassen.

> VON SCHWEDENKÖPFEN UND DEM „SPECKWINKEL"

Bedeutende Baudenkmäler in Wismars Altstadt und eine
ursprüngliche Landschaft bei der Insel Poel erwarten Sie

> **Die Hafenstadt Wismar mit einer Fülle sehenswerter Baudenkmäler liegt in einer fast naturbelassenen Landschaft.**
Westlich dehnt sich der Klützer Winkel mit der Wohlenberger Wiek aus, einem Teil der Wismarbucht. Östlich trennt der Breitling – so wird der schmale Wasserstreifen genannt – die Insel Poel und das Festland.

Über 250 Jahre, bis 1903, gehörten Wismar und Poel zu Schweden. Der 150 km² große Klützer Winkel

mit dem Ostseebad Boltenhagen wird scherzhaft auch „Speckwinkel" genannt, denn das Gebiet rund um das Städtchen Klütz gilt als eines der fruchtbarsten in Norddeutschland.

BOLTENHAGEN

[112 D2] ★ Boltenhagen (2800 Ew.) am Westrand der Wismarbucht kann für sich den Ruhm beanspruchen, das drittälteste Ostseebad Deutschlands zu sein. Bereits

Bild: Insel Poel

WISMAR UND DIE WISMARBUCHT

im Jahr 1803 stand der erste Badekarren am Boltenhagener Strand.

Charakteristisch für Boltenhagen sind der meist steinfreie, flach ins Meer führende Strand, villenartige Ferienhäuser und ein Wald- und Wiesenstreifen zwischen dem Strand und der Promenade. Der Stolz des traditionsreichen Familienbades, das besonders viele Ferienwohnungen besitzt, ist die 1991 fertig gestellte, 290 m lange Seebrücke.

▮ ESSEN & TRINKEN ▮▮▮▮

BLINKFÜR

Fisch, fangfrisch oder in der eigenen Räucherei verfeinert. *Tgl., Winter nur Sa/So, Jan. geschl. | Ostseeallee 64 | Tel. 038825/221 14 | www.blink fuer.m-vp.de | €€*

ZUR DÜNE

Beeindruckend große Speisenauswahl zu niedrigen Preisen. *Tgl. | Strandpromenade 15 | Tel. 038825/298 69 | €*

BOLTENHAGEN

◼ EINKAUFEN ◼

BAUERNMARKT REDEWISCH

In einer ausgemusterten Traktoren-halle ist ein Markt für regionale Pro-dukte entstanden: Korbwaren, Mari-times, Weine, Säfte und Wurstwaren. Im Café gibt es hausgebackenen Ku-chen und Deftiges. *Dorfstr. 23 c | tgl.*

HOTELANLAGE TARNEWITZER HOF

Nette Anlage mit 43 Zimmern, Apart-ments, Wohnungen sowie der Villa „Dat witte Huus" (bis zu 8 Pers.), sehr ruhig gelegen und persönlich geführt. *Ortsteil Tarnewitz, Dorfstr. 15 | Tel. 038825/298 41 | Fax 216 38 | www.tarnewitzer-hof.de | €*

Barockjuwel im Klützer Winkel: das Schloss Bothmer

◼ ÜBERNACHTEN ◼

SEEHOTEL GROSSHERZOG VON MECKLENBURG 🔊

Familienfreundliches First-Class-Hotel mit Schwimmbad unterm Dach und nettem Wellnessbereich (auch Massagen, Kosmetikbehandlungen). Das großzügige und doch gemütliche Haus ist nur durch die Promenade vom feinsandigen Ostseestrand ge-trennt. *149 Zi. | Ostseeallee 1 | Tel. 038825/500 | Fax 505 00 | www.see hotel-boltenhagen.de | €€€*

◼ FREIZEIT & SPORT ◼

Von der Seebrücke legen regelmäßig Schiffe zu *Ausflugsfahrten* ab, an der Mittelpromenade gibt es einen *Mini-golfplatz*. Badevergnügen in Meer-wasser mit Sauna und Wannenbädern verspricht die *Ostsee-Therme (Ost-seeallee | www.ostsee-therme-bol tenhagen.de)*. Pferde für einen Ritt durch Wald und über Wiesen finden Sie im *Reiterhof Anna Rüder (Ost-seeallee 40 c)*. Für Schlechtwetter-tage gibt es die Reithalle.

> *www.marcopolo.de/ostseekueste-mv*

WISMARBUCHT

TOURIST-INFORMATION
Ostseeallee 4 | 23946 Ostseebad Bol-
tenhagen | Tel. 038825/36 00 | Fax
360 30 | www.boltenhagen.de

■ ZIEL IN DER UMGEBUNG ■

KLÜTZ [112 C2]
Sehenswürdigkeit in der kleinen
Stadt (3300 Ew., 6 km) ist *Schloss
Bothmer,* Mecklenburgs größter ba-
rocker Schlosskomplex. Blenheim
Castle beim englischen Woodstock
diente als Vorbild; der täglich zu be-
sichtigende Park dagegen ähnelt dem
Großen Garten zu Herrenhausen in
Hannover. Erkundigen Sie sich im
Informationszentrum Klütz *(Tel.
038825/225 95 | Fax 223 88 | www.
kluetzer-winkel.de)* nach den be-
rühmten Schlosskonzerten. Ein ehe-
maliger Getreidespeicher wurde zum
Literaturhaus Uwe Johnson. Eine
Dauerausstellung informiert über den
Schriftsteller, es finden interessante
Lesungen, Diskussionen und Work-
shops statt *(Im Thurow 14 | Tel.
038825/222 95 | Mai–Okt. Mo–Fr
10–17, Sa/So 10–18, Nov.–April
Mo–Fr 11–16, Sa/So 11–17 Uhr |
www.literaturhaus-uwe-johnson.de).*
Bis zu 600 bunte Schmetterlinge flat-
tern im *Schmetterlingsgarten,* darunter der Atlas-Seidenspinner mit einer
Flügelspannweite von bis zu 30 cm
*(An der Festwiese 2 | Tel.
038825/26 39 87 | April–Nov. tgl.
9.30–17.30 Uhr | www.schmetter
lingsgarten.de).*

Insider
Tipp

INSEL POEL

[113 E 1–2] ⭐ **Das 37 km² große
Eiland besitzt herrliche Sandstrände, eine
Steilküste und eine weite Boddenlandschaft.** Wegen der geringen Wasser-
tiefe in den Uferbereichen ist die Insel vor allem bei Familien mit kleinen Kindern beliebt. Streng
genommen dürfte sich Poel
(2800 Ew.) jedoch gar nicht mehr Insel nennen, denn eine Brücke und ein
Damm stellen die Verbindung zum
Festland her. Vom ❀ Wall der ehemaligen Festung fasziniert der
schöne Blick auf den Seglerhafen des
Hauptortes *Kirchdorf.*

■ SEHENSWERTES ■

HEIMATMUSEUM
Volks-, Natur- und Fischereikunde,
präsentiert in der Dorfschule von
1806. Das Museum informiert auch
über die Schiffskatastrophe am 3.

MARCO POLO HIGHLIGHTS

⭐ **Boltenhagen**
Villenartige Ferienhäuser
aus der Wende zum 20. Jh.
(Seite 30)

⭐ **Insel Poel**
Sandstrände, Steilküste und
weite Boddenlandschaft
(Seite 33)

⭐ **Marktplatz**
Wasserkunst, Patrizierhäuser und Rathaus stehen rund um den riesigen Platz
in Wismars Zentrum (Seite 35)

⭐ **Zum Weinberg**
Essen und Trinken in einer
Renaissancediele aus der Hansezeit
Wismars (Seite 36)

INSEL POEL

Mai 1945 in der Lübecker Bucht. 7000 Häftlinge aus dem KZ Neuengamme, auf vier Schiffe getrieben, kamen bei einem Luftangriff ums Leben. *Mitte April–Mitte Sept. Di–So 10–16, Mitte Sept.–Mitte April Di/Mi, Sa 10–12 Uhr | Möwenweg 4, Kirchdorf*

ESSEN & TRINKEN
POELER FORELLENHOF
Vorzüglich ist der frische oder direkt aus der hauseigenen Räucherei kommende Fisch. *Tgl. | Niendorf | Tel. 038425/42 00 | www.poeler-forellenhof.de | €–€€*

EINKAUFEN
INSELSTUW ▶▶
Insider Tipp

Hochwertiges Kunsthandwerk sowie Malerei und Grafiken vor allem von Künstlern aus der Region. Unbedingt nach Vernissagen erkundigen, denn die sind ein kleines Ereignis auf der Insel. *Wismarsche Str. 11 | Kirchdorf | www.galerie-inselstuw.de*

ÜBERNACHTEN
APPARTEMENTHOTEL GUTSPARK WANGERN
Naturnahe Erholung. 15 Ferienwohnungen, Wirtshaus mit regionaler Küche. *Wangern | Tel. 038425/44 40 | Fax 44 41 11 | www.insel-poel.com | €*

INSELHOTEL POEL
U. a. Schwimmbad, Golf-Drivingrange, Tennisplätze. *50 Zi. | Gollwitz | Tel. 038425/240 | Fax 242 22 | www.inselhotelpoel.de | €€*

FREIZEIT & SPORT
Schiffe zu Ausflugs- und Angelfahrten ab Hafen Kirchdorf. Minigolf gibt es in Timmendorf Strand und Schwarzer Busch. Kutschfahrten bietet der *Reiterhof Plath (Timmendorf).*

AUSKUNFT
KURVERWALTUNG
Wismarsche Str. 2 | 23999 Kirchdorf | Tel. 038425/203 47 | Fax 40 43 | www.insel-poel.de

Die Insel Poel ist ein ideales Ziel für naturnahen Familienurlaub

WISMAR

KARTE IM HINTEREN UMSCHLAG

[113 E3] **Aus der Silhouette der 1226 gegründeten Stadt (47000 Ew.), die ihre schönste Seite dem Wasser darbietet, ragt der 700 Jahre alte Turm der Marienkirche als Wahrzeichen heraus.** Etwa 300 Baudenkmäler gibt es in der zum Weltkulturerbe gehörenden Altstadt von Wismar, das zu den bedeutenden Mitgliedern der Hanse zählte. An die bis 1903 dauernde Schwedenzeit erinnern unter anderem die beiden so genannten *Schwedenköpfe* (gusseiserne, bunt bemalte Poller) vor dem barocken Baumhaus am Alten Hafen. Der Weg zu den Liegeplätzen der Schiffe führt am 500 Jahre alten Wassertor vorbei, dem letzten der einst fünf Stadttore Wismars.

Der „Alte Schwede" aus dem 14/15. Jh. ist eines der ältesten Bürgerhäuser der Stadt

■ SEHENSWERTES ■

FÜRSTENHOF

Der restaurierte Wohnsitz der mecklenburgischen Herzöge ähnelt dem Palazzo Roverella des Herzogs von Ferrara, verziert mit reichem Kalkstein- und Terrakottaschmuck. Er gehört zu den herausragenden Bauwerken der Frührenaissance (16. Jh.) im Ostseegebiet. *Vor dem Fürstenhof*

MARIENKIRCHTURM

Die Anfang des 14. Jhs. erbaute Ratskirche galt als einer der bedeutenden Backsteinbauten im norddeutschen Raum. Die Ruine der im Krieg zerstörten Kirche wurde bis auf den Turm 1960 abgetragen. Das aus 14 Chorälen bestehende Glockenspiel erklingt um 12, 15 und 19 Uhr. *Marienkirchhof/Sargmacherstr.*

Insider Tipp

MARKTPLATZ ★

Mit 100 mal 100 m ist er der größte Marktplatz in Mecklenburg-Vorpommern. Markt findet dienstags, donnerstags und samstags statt. Blickfang in der Südostecke ist der zwölfeckige Bau der *Wasserkunst* (Ende 16. Jhs.). Die Nordseite nimmt das klassizistische Rathaus ein. Im Rathauskeller, mit 53 mal 17 m eine der größten mittelalterlichen Kelleranlagen Norddeutschlands, wird die Ausstellung „Wismar – Bilder einer Stadt" gezeigt *(tgl. 10–18 Uhr)*. Beachtenswerte Giebelhäuser zieren die Ost- und Südseite, herausragend das Bürgerhaus *Alter Schwede* aus dem 14./15. Jh.

NIKOLAIKIRCHE

Hervorragendes Beispiel norddeutscher Backsteingotik. Das Kirchenschiff ist mit 37 m das dritthöchste

WISMAR

Bei einem Bummel durch Wismars Altstadt finden Sie überall nette Cafés für eine Pause

Deutschlands. Der Schnitzaltar aus der im Krieg zerstörten Georgenkirche (der Wiederaufbau soll bis zum Jahr 2010 abgeschlossen sein) gehört mit einer Fläche von 10 mal 4 m zu den monumentalsten seiner Art an der Ostseeküste. *Nikolaikirchhof*

STADTGESCHICHTLICHES MUSEUM

Wissenswertes zur Stadtgeschichte und Maritimes im 400 Jahre alten prunkvollen Schabbell-Haus. *Mai bis Okt. Di–So 10–20, Nov.–April Di–So 10–17 Uhr | Schweinsbrücke 8 | www.schabbellhaus.de*

■ ESSEN & TRINKEN ■
ZUR REBLAUS

Wein- und Kaffeestube. Selbst gebackene Kuchen und Torten, erlesene Tropfen, kleine Leckereien, im Sommer ein lauschiger Innenhof. *Mai–Sept. tgl. ab 14 Uhr, Okt.–April Mo geschl. | Neustadt 9 | www.ioannis.com/reblaus | €*

ZUM WEINBERG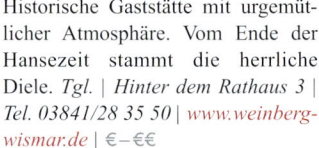

Historische Gaststätte mit urgemütlicher Atmosphäre. Vom Ende der Hansezeit stammt die herrliche Diele. *Tgl. | Hinter dem Rathaus 3 | Tel. 03841/28 35 50 | www.weinberg-wismar.de | €–€€*

WEINWIRTSCHAFT

Mecklenburger Spezialitäten, mediterrane Tapas und ausgewählte saisonale Gerichte. *Tgl. | Am Markt 24 (im Steigenberger Hotel Stadt Hamburg) | Tel. 03841/23 90 | Fax 23 92 39 | €–€€€*

■ ÜBERNACHTEN ■
PENSION CHEZ FASAN

Die Gäste schätzen die nette, familiäre Atmosphäre in den drei zusammenliegenden, sanierten Altstadthäusern, die die gemütliche Pension bilden. *25 Zi. | Bademutterstr. 20a | Tel. 03841/21 34 25 | Fax 20 22 85 | www.pension-chez-fasan.de | €*

HOTEL SEEBLICK

Direkt am Strand und der Seebrücke im Stadtteil Bad Wenndorf liegt das modernisierte Hotel. 40 Zimmer im Landhausstil. *Ernst-Scheel-Str. 27 | Tel. 03841/627 40 | Fax 627 46 66 | www.hotelseeblick-wismar.de | €–€€*

**STEIGENBERGER HOTEL
STADT HAMBURG**

Hinter einer denkmalgeschützten Fassade erwarten den Gast 104 modern und wohnlich eingerichtete Zimmer. *Am Markt 24 | Tel. 03841/ 23 90 | Fax 23 92 39 | www.wismar. steigenberger.de | €€€*

■ FREIZEIT & SPORT ■■■■■■

Badespaß für Groß und Klein in der *Erlebnis- und Wohlfühlwelt Wonnemar.* Abenteuerwellenbecken, 25 m langes Schwimmbecken, Wellness- und Beauty-Spa sowie ein Saunadorf mit acht Saunen. Von der ❋ Panoramasauna eröffnet sich ein herrlicher Blick auf St. Georgen und St. Marien *(tgl. | Bürgermeister-Haupt-Str. 38 | Tel. 03841/32 76 10 | www.wonnemar.de).* Im *Sportpark Wismar (Hoher Damm 48)* Tennis, Badminton, Bowling, Squash, Kegeln, Sauna und Solarium.

Insider Tipp

■ AM ABEND ■■■■■■■■■■■

Zum Absacker trifft man sich gern im *Schlauch (Lübsche Str. 18 | www.der schlauch.de),* manchmal Livemusik. Die wird freitags und samstags auch im *Brauhaus am Lohberg* geboten *(Kleine Hohe Str. 15 | www.brau haus-wismar.de).* Im *Theater der Hansestadt (Philipp-Müller-Str. | Tel. 03841/50 72 08)* gastiert auch die *Niederdeutsche Bühne Wismar e. V.*

■ AUSKUNFT ■■■■■■■■■■■

WISMAR-INFORMATION

Am Markt 11 | 23966 Wismar | Tel. 03841/194 33 | Fax 25 30 91 | www. wismar.de

■ ZIEL IN DER UMGEBUNG ■■■

DORF MECKLENBURG   [113 E3]

An die einstige slawische *Mikilinburg* erinnert nur noch eine mächtige Wallanlage nahe der Kirche. Sie gilt als die „Wiege des Landes", denn von ihr hat das Land den Namen. In der *Windmühle* von 1849 etablierte sich ein Restaurant, in dem Spezialitäten aus Mecklenburg angeboten werden. Daneben das *Hotel Mecklenburger Mühle (38 Zi. | 23972 Dorf Mecklenburg | Tel. 03841/39 80 | Fax 39 81 98 | www.hotel-mecklenbur ger-muehle.m-vp.de | €). 7 km*

▶ LOW BUDGET

> WEISSE STRÄNDE UND BACKSTEINGOTIK

Sandstrände, Steilküsten und viel Wald geben der Hansestadt Rostock einen kontrastreichen Rahmen

> **Berühmt wurde Bad Doberan durch eine gotische Klosterkirche, heute bekannt als Doberaner Münster. Seit über hundert Jahren dampft eine kleine Schmalspurbahn – der legendäre „Molli" – durch die Straßen der Stadt.**

Auf halber Strecke nach Kühlungsborn liegt Doberans Seebad Heiligendamm, in dem 1793 das Badeleben an der Ostsee begann und das dabei ist, eines der exklusivsten Seebäder Europas zu werden.

Lebhafter geht es am imponierenden Sandstrand des benachbarten Kühlungsborn zu, der Endstation des „Molli". Kühlungsborn, das größte Ostseebad Mecklenburgs, ist, ebenso wie das kleine Rerik, besonders bei Familien beliebt.

Viel Kunst und Kultur hält vor allem die Hansestadt Rostock mit dem Badevorort Warnemünde bereit, der mit seinen kleinen Häusern, den Kopfsteinpflastergassen und Dutzen-

Bild: Rostock

ROSTOCK UND UMGEBUNG

den von Kuttern und Yachten am Alten Strom Atmosphäre besitzt. Besonders für Landratten ist es spannend zuzuschauen, wie die riesigen Kreuzfahrtschiffe ein- und auslaufen.

Wer Ruhe sucht, der lässt sich in Warnemünde mit der Fähre über den Neuen Strom nach Hohe Düne übersetzen. Dort, hinter Markgrafenheide, beginnt das große Waldgebiet der Rostocker Heide, das sich bis Graal-Müritz hinzieht.

BAD DOBERAN/ HEILIGENDAMM

[114 C3]   **Anziehungspunkte Bad Doberans (11 500 Ew.) sind das gotische Münster und die durch die Straßen dampfende Kleinbahn „Molli".** Parallel zu einer Lindenallee und am Mischwald *Großer Wohld* vorbei schnauft der Zug zunächst dem 6 km entfernten Ortsteil Heiligendamm zu. Das

Gotik in Bad Doberan: das Münster

Schweriner Herzogshaus hatte Doberan zur Sommerresidenz erkoren, und am Heiligen Damm nahmen Durchlaucht und seine Gäste ein Bad in der Ostsee.

Wegen seiner weißen, klassizistischen Gebäude bekam Heiligendamm, heute ein Ortsteil von Bad Doberan, den Beinamen „weiße Stadt am Meer". An die Badgründung erinnert ein 220 t schwerer Granitstein neben dem Grand Hotel. Die Seebrücke entstand 1993 neu. Aus den Anfangsjahren des Seebads stammt das Kurhaus.

Die zu DDR-Zeit heruntergewirtschafteten Häuser Heiligendamms standen nach der Einheit lange leer, mit dem Dornröschenschlaf war es im Mai 2003 dann vorbei. Unter Federführung des amerikanischen Stararchitekten Robert A. M. Stern entstand das Grand Hotel Heiligendamm, das fünf denkmalgeschützte Bauwerke – darunter das Kurhaus – und mit dem Severin Palais einen gut angepassten Neubau umfasst. Die noch leer stehenden Gebäude sollen in den nächsten Jahren saniert werden. 2007 trafen sich in Heiligendamm die Staats- und Regierungschefs der acht führenden Industrieländer zum G8-Gipfel, der das Seebad in den Blickpunkt des Weltinteresses rückte.

■ SEHENSWERTES

EHM-WELK-HAUS

Hier hat der Erzähler und Dramatiker Ehm Welk von 1950 bis zu seinem Tod 1966 gelebt. Zu sehen ist das Arbeitszimmer des Autors von „Die Heiden von Kummerow" (1937). *Di bis Fr 10–12 und 13–16, Sa 13–16 Uhr | Dammchaussee 23*

MÜNSTER ⭐

Der Bau ist ein wunderschönes Beispiel norddeutscher Backsteingotik inmitten von Wiesen und Bäumen. Die reiche original erhaltene mittelalterliche Ausstattung der täglich zur Besichtigung geöffneten Zisterzienserklosterkirche besitzt internationale Bedeutung. *Tgl.| Mai–Sept. 9–18, März/April/Okt. 10–17, Nov.–Feb. 10–16, So/ Fei ab 11 Uhr | Klosterstr. | www.doberanermuenster.de*

STADT- UND BÄDERMUSEUM

Im Möckelhaus befindet sich das Heimatmuseum mit einer Ausstellung zur Stadt- und Bädergeschichte. *Beethovenstr. 8 | Di–Fr 10–12 u. 13–16, Sa 12–16 Uhr | www.stadtmuseum-moeckelhaus.de*

ESSEN & TRINKEN
FRIEDRICH FRANZ
Wer sich etwas Besonderes gönnen möchte, der lässt sich von Chefkoch Ronny Siewert, einem der besten Köche Mecklenburg-Vorpommerns, in dem Gourmetrestaurant verwöhnen. *Nur abends Mi–So | im Kempinski Grand Hotel Heiligendamm | Tel. 038203/74 00 | €€€*

ÜBERNACHTEN
AM FUCHSBERG
Kleine Pension am Stadtrand. Besonders junge Leute (aber nicht nur die) mögen die gemütlichen Giebelzimmer. *9 Zi. | Am Fuchsberg 7a | Tel. 038203/634 74 | Fax 632 52 | www.pensionamfuchsberg.de | €*

Insider Tipp

GRAND HOTEL HEILIGENDAMM
Das nobelste Hotel an der deutschen Ostseeküste. Die 225 Zimmer und Suiten sind mit handgefertigten Möbeln und modernster Technik ausge-

stattet. Beispielhaft der 3000 m² große Spa- und Beautybereich im Severin-Palais. *Tel. 038203/74 00 | Fax 740 74 74 | www.hotelheiligendamm.de | €€€*

AM ABEND
Heiß her geht es in der Disko ▶▶ *Kiss Night (Am Handelspark 7, im EKZ | Fr/Sa ab 22 Uhr | www.kissnight.de).* Das *Kamp-Theater (Severinstr. 4 | Tel. 038203/624 13 | www.kino-doberan.de)* vereint Bistro und Kino. *Kirchenkonzerte* werden in der Sommerkonzertreihe „Münster, Molli & Musik" im Doberaner Münster geboten.

AUSKUNFT
TOURIST-INFORMATION
Severinstr. 6 (im Rathaus) | 18209 Bad Doberan | Tel. 038203/621 54 | Fax 770 50 | www.bad-doberan-heiligendamm.de

GRAAL-MÜRITZ
[115 E1] Das traditionsreiche Seeheilbad ist für jene der rechte Ort, die Ruhe und Erholung suchen. Graal und Müritz

MARCO POLO HIGHLIGHTS

⭐ **Münster**
In Doberan zu bewundern: Backsteingotik mit vielen Kunstwerken (Seite 40)

⭐ **Jagdschloss Gelbensande**
Mecklenburger Märchenschloss, das als Kulisse für Konzerte dient (Seite 42)

⭐ **Zur Kogge**
Rostocks älteste Schifferkneipe – mit Shantys (Seite 49)

⭐ **Marienkirche**
Monumentaler Backsteinbau aus der Hansezeit in Rostock mit einer interessanten astronomischen Uhr (Seite 47)

⭐ **Alter Strom**
Maritimes Flair pur in Warnemünde: Schiffe von groß bis klein, Kneipen, Geschäfte, viele Menschen und ganz viel Wasser (Seite 47)

entwickelten sich fast parallel zu Badeorten; 1938 wurden sie vereint, deshalb hat der Doppelort kein richtiges Zentrum. Beide Ortsteile sind durch den fast 6 km langen, breiten Sandstrand verbunden. Eingerahmt wird das Seebad (4000 Ew.), das seit 1993 eine 350 m lange Seebrücke besitzt, vom Waldgebiet der Rostocker Heide und einem Hochmoor. Im Mai/Juni blühen im Kurpark mehr als 2500 Rhododendronstauden, die eine wahre Farbensinfonie bilden. 1985 wurde die Anlage zum Naturdenkmal erklärt.

ESSEN & TRINKEN

CAFÉSTÜBCHEN WITT

Kuchen und Eis sowie Fisch- und Wildgerichte in einem rohrgedeckten Häuschen mit schönem Garten, in dem im Sommer auf der Wiese Tische und Stühle stehen. *Mo geschl.* | *Tel. 038206/772 21* | *Am Tannenhof 2* | *www.pension-cafe-witt.m-vp.de* | *€–€€*

ÜBERNACHTEN

STRANDHOTEL DEICHGRAF

Mediterranes Flair wenige Meter vom Ostseestrand entfernt. *24 Zi.* | *Strandstr. 61* | *Tel. 038206/13 84 13* | *Fax 13 84 14* | *www.strandhotel-deichgraf.com* | *€€–€€€*

IFA GRAAL MÜRITZ ﾑ

Im eleganten Landhausstil errichtetes Haus in unmittelbarer Nähe zum Strand. Alle Zimmer mit Internetanschluss, 1500 m² großer Wellnessbereich mit Schwimmbad. *150 Zi.* | *Waldstr. 1* | *Tel. 038206/730* | *Fax 732 27* | *www.ifa-graal-mueritz-hotel.de* | *€€–€€€*

OSTSEECAMP UND FERIENPARK ROSTOCKER HEIDE

Wer ohne eigenes Zelt anreist, für den stehen Bungalows (40 m²) sowie Mietwohnwagen bereit. *April–Sept.* | *Tel. 038206/775 80* | *Fax 791 94* | *www.ostseecamp-ferienpark.de* | *€*

FREIZEIT & SPORT

Im täglich geöffneten *Aquadrom* (*Buchenkampweg 9* | *www.aquadrom.net*) haben Sie die Wahl zwischen Tennis, Badminton, Handball, Basketball und Fußball. Es gibt vier Kegelbahnen, im Fitnessstudio stehen moderne Geräte und im 25-Meter-Meerwasserbecken drehen die Gäste ihre Runden. Großzügig angelegt ist der Wellnessbereich mit der Saunawelt.

Insider Tipp

AUSKUNFT

KURVERWALTUNG

Rostocker Str. 3 | *18181 Graal-Müritz* | *Tel. 038206/70 30* | *Fax 703 20* | *www.graal-mueritz.de*

ZIELE IN DER UMGEBUNG

FORST- UND KÖHLERHOF WIETHAGEN [115 E2]

Im Forst- und Köhlerhof sind zwei zum technischen Denkmal erklärte Teerschwelöfen zu sehen, die bis 1979 produzierten. In der alten Scheune wurde ein kleines *Forstmuseum* eingerichtet (*Di–Fr 9–16, Sa 10–17, April–Sept. auch So 10–17 Uhr* | *www.koehlerhof-wiethagen.de*). 10 km

JAGDSCHLOSS GELBENSANDE ★ [115 F2]

Eines der schönsten Bauwerke in Mecklenburg-Vorpommern, zu dem

Dem Horizont ein Stückchen näher: die Seebrücke von Kühlungsborn ist 240 m lang

der Zarensohn Michail Romanow 1885 den Grundstein legte. Die Schlosschronik verzeichnet 1904 die Verlobung der jüngsten Tochter des Großherzogs Friedrich Franz III., Prinzessin Cecilie, mit dem ältesten Sohn des Kaisers, Kronprinz Wilhelm. Regelmäßig Konzerte, Lesungen, Vorträge, im Schlosscafé werden hausgemachte Kuchen und Torten serviert *(tgl. 11–17 Uhr | www. jagdschloss-gelbensande.de). 20 km*

NATURSCHATZKAMMER & PARADIESGARTEN [115 F1]

Zu sehen sind etwa 250 Pilzarten in ihren ursprünglichen Lebensräumen sowie rund 2000 Schmetterlinge und Insekten. Eine Steinkauzfamilie wird mit der Kamera in ihrer Höhle beobachtet, die Bilder sind live im Museum auf einem Monitor zu sehen. *www.naturschatzkammer.m-vp.de | Mai–Okt. tgl. 10–17, Nov.–April Mo–Fr 13–16, Sa 10–17, So 10–12 Uhr | Ribnitzer Landweg 2 | etwa 1700 m von der Darß-Fischland-Straße. 8 km*

Insider Tipp

KÜHLUNGS-BORN

[114 B2] **Die Kleinbahn „Molli" entlässt hier ihre Fahrgäste in die „grüne Stadt am Meer", wie sich Mecklenburgs größtes Ostseebad (7300 Ew.) gern nennt.** Zu Recht übrigens, denn Mischwälder umrahmen Kühlungsborn, und zwischen den mit einer 3 km langen Strandpromenade verbundenen Stadtteilen Ost (früher Brunshaupten) und West (früher Arendsee) erstreckt sich der 1,3 km² große Stadtwald. Die meisten der um die Jahrhundertwende im Stil der Bäderarchitektur erbauten Hotels haben die Zeit überdauert. Die 240 m lange Seebrücke von Kühlungsborn wurde 1991 fertig gestellt.

■ SEHENSWERTES

BÄDERBAHN „MOLLI"

Die liebenswert nostalgische Kleinbahn ist nicht nur für Eisenbahnfans eine Attraktion. Wer schöne Fotomotive sucht, dem bieten sich die

Dampfrösser und Oldtimerwagen an – v. a. am Bahnhof Kühlungsborn West, einem der Endpunkte der Strecke *(www.molli-bahn.de). Die Gesamtstrecke wird im Kapitel „Ausflüge & Touren" beschrieben.*

KUNSTHALLE

In dem Jugendstilbau von 1904, einer ehemaligen Lesehalle, sind wechselnde Kunstausstellungen von regionalem und internationalem Anspruch zu sehen (z. B. Klassische Moderne, maritime Kunst). *Di–So 13–18 Uhr | Ostseeallee 48 | www.kunsthalle-kuehlungsborn.de*

■■ ESSEN & TRINKEN ■■■

Insider Tipp

FISCH-HUS

Was Fischer Bruno Nähring jeden Morgen in der Ostsee fängt, bringt seine Tochter nur wenige Stunden später gebraten oder gedünstet als köstliches Fischgericht auf die Teller. *Tgl. | Ostseeallee 50 | Tel. 038293/ 438 55 | €*

RÖNTGEN

Elegantes Café, in dem „die hohe Schule der Konditorenkunst" beherrscht wird, mit Dependancen in Kühlungsborn Ost *(Strandstr. 30 a)* und West *(Ostseeallee 45). Tgl.*

Insider Tipp

WILHELMS

In dem Gourmetrestaurant mit Originalmöbeln aus englischen Pubs wird phantasievoll gekocht. Wer weniger Hunger (oder Geld) hat, bestellt sich die preiswerteren Probierportionen. *Tgl. | Strandstr. 37 | Tel. 038393/630 (im Hotel Neptun) | www.neptunhotel.de | mittags €€, abends €€€*

Insider Tipp

■■ ÜBERNACHTEN ■■■

GUT KLEIN BOLLHAGEN

Parkähnliches Grundstück mit acht luxuriös eingerichteten Ferienhäusern und zwei Apartments. *Fulgenweg 3 | Klein Bollhagen (5 km von Kühlungsborn) | Tel. 0800/532 36 26 | Fax 040/410 19 58 | www.landleben-am-meer.de | €€€*

Die Kleinbahn „Molli" fährt auf schmaler Spur zwischen Kühlungsborn und Bad Doberan

ZUM STRANDKORB

Familiär geführtes Hotel garni mit 20 Wohnungen (17–70 m^2) und Zimmern. *Hermannstr. 11 | Tel. 038293/83 40 | Fax 834 99 | www. zumstrandkorb.de | €–€€*

VIER JAHRESZEITEN

Die 139 wohnlich eingerichteten Zimmer und Apartments versprechen angenehmen Aufenthalt; Wellness- und Beautybereich mit Hallenbad. *Ostseeallee 10–12 | Tel. 038293/ 810 00 | Fax 810 81 | www.vier-jah reszeiten.de/kuehlungsborn | €–€€*

▮ FREIZEIT & SPORT ▮

Tennisspieler haben die Wahl zwischen sieben Plätzen *(Am Linden-park)*. Im benachbarten Wittenbeck gibt es eine Golfanlage mit Neun-Loch-Platz und Drivingrange. In der Hermannstraße ein Mini-Erlebnis-park mit Minigolf, Basketball, Tischtennis und Inlineskating, modern ist der Yachthafen mit 400 Liegeplätzen.

Beliebter Treffpunkt ist die Skateranlage in Kühlungsborn West am Ende der Waldstraße.

▮ AUSKUNFT ▮

KURVERWALTUNG

Ostseeallee 19 | 18225 Ostseebad Kühlungsborn | Tel. 038293/84 90 | Fax 849 30 | www.kuehlungsborn.de

RERIK

[114 B3] **Malerisch zwischen Ostseeküste und Salzhaff liegt das ehemalige Fischerdorf Alt Gaarz, das 1938 zur Stadt erhoben wurde und dabei den Namen Rerik (2000 Ew.) erhielt.** Das Familienbad wartet mit abwechslungsreicher Flach- und Steilküste, herrlichem Sand- und Naturstrand am Salzhaff sowie mit Wald und Feldern in der Umgebung auf. Die 170 m lange und nur 2,5 m breite Seebrücke entstand 1991/92. Vom Aussichtspunkt ☀ *Schmiede-berg* haben Sie einen besonders schönen Blick, auch auf die Halbinsel Wustrow, die bis 1994 Militärgelände war und auf der ein Ferienzentrum entstehen soll.

▮ SEHENSWERTES ▮

PFARRKIRCHE ST. JOHANNES

Eine der schönsten frühgotischen Landkirchen an der mecklenburgischen Ostseeküste. Überaus sehenswert ist die barocke Ausmalung (1668) des Meisters Hinrich Greve aus Wismar.

▮ ESSEN & TRINKEN ▮

ZUR STEILKÜSTE

Fangfrischer Fisch, aber auch original Thüringer Klöße, denn die Chefin kommt aus Thüringen. ☀ *Terrasse* mit phantastischem Blick. *Wechselnde Ruhetage | Parkweg 10 | Tel. 038296/783 86 | €–€€*

■ ÜBERNACHTEN ■

ZUR LINDE

Ruhig im Zentrum von Rerik gelegen. Große Liegewiese mit Grillplatz, Schwimmbad. *12 Zi. | Leuchtturmstr. 7 | Tel. 038296/791 00 | Fax 79 10 99 | www.hotel-zur-linderrerik.de | €*

OSTSEERESIDENZ HOTEL GENDARM

Hotel garni mit 20 großzügigen Apartments (2–5 Pers.), ca. 4 km vor Rerik. Ideal für Familien; Sauna. *Hauptstr. 5 | 18230 Wischuer | Tel. 038294/70 00 | Fax 700 94 | www.ostseeresidenz.de | €–€€*

■ AUSKUNFT ■

KURVERWALTUNG

Dünenstr. 7 | 18230 Ostseebad Rerik | Tel. 038296/784 29 | Fax 785 13 | www.rerik.de

ROSTOCK/ WARNEMÜNDE

 KARTE IM HINTEREN UMSCHLAG

[115 D–E 2–3] **Wer vor der wuchtigen Marienkirche steht oder gar im Inneren die beeindruckenden Kunstschätze betrachtet, kann den früheren Reichtum der Hansestadt erahnen.** Der kurze Spaziergang vom Neuen Markt durch die Fußgängern vorbehaltene Kröpeliner Straße zum Universitätsplatz führt an geschichtsträchtigen Häusern der Werft- und Hafenstadt vorbei. Durch den 1957 begonnenen Bau des Seehafens bekam Rostock (200 000 Ew.) Anschluss an die internationale Schifffahrt.

1323 hat Rostocks Rat dem Fürsten von Mecklenburg das Fischerdorf *Warnemünde* abgekauft, so erhielt die Stadt einen eigenen Badeort. Durch die Trabantenstädte Lütten Klein und Evershagen ist Warne-

Moderne Kunst in der Hansestadt Rostock: „Brunnen der Lebensfreude" (1978)

münde aber längst an das Stadtzentrum angebunden. Die S-Bahn bringt die Pflastermüden vom Rostocker Zentrum in nur 25 Minuten fast bis zum Strand. Erlebnisreicher ist allerdings die Fahrt von Rostock nach Warnemünde mit dem Schiff. Die beste Sicht auf Rostock haben Sie vom Turm der ☀ *Petrikirche* am *Alten Markt*. Zu Fuß sind es 196 Stufen bis zur Aussichtsplattform, mit dem Lift dauert es 26 Sekunden *(www.petrikirche-rostock.de)*.

Insider Tipp

Wer sehen und gesehen werden möchte, promeniert in Warnemünde am Alten Strom mit seinen typischen Glasverandahäuschen entlang. Über dem Wasser hängt der Duft von frisch Geräuchertem, denn mancher Kutter wurde zur Räucherei umgerüstet.

▪ SEHENSWERTES

ALTER STROM ⭐

Hier muss man einfach entlang flanieren und das maritime Flair genießen! An der ehemaligen Warnemünder Hafeneinfahrt beginnen Rundfahrten durch den Überseehafen und Hochseefahrten. Die einstigen Fischerhäuschen mit ihren typischen Vorbauten beherbergen Cafés, Kneipen und Geschäfte.

AUSSTELLUNG REINHOLD KASTEN

Mehr als 8000 völkerkundliche Gegenstände sind in der Ausstellung „Reinhold Kasten, der letzte große Abenteurer des 20. Jahrhunderts" zu sehen. Der ehemalige Lübecker Kapitän, der vier Schiffsuntergänge überlebte, hat sie in Jahrzehnten auf seinen Reisen zusammengetragen. *Seepromenade 1 (im Teepott in Warnemünde) | tgl. 10–18 Uhr*

KULTURHISTORISCHES MUSEUM

Im Kloster zum Heiligen Kreuz werden u. a. Werke holländischer Maler ausgestellt, außerdem gibt es eine Ausstellung zur Stadtgeschichte. *Di bis So 10–18 Uhr | Klosterhof*

KUNSTHALLE

Zeitgenössische Kunst aus den Ländern des Ostseeraums. *Di–So 10–18 Uhr | Hamburger Str. 40 | www.kunsthallerostock.de*

MARIENKIRCHE ⭐

Die Bauarbeiten an Rostocks monumentalster Kirche dauerten 400 Jahre. Im Inneren tickt hinter dem kunstvollen Rochusaltar eine astronomische Uhr von 1472, deren Kalendarium bis zum Jahr 2017 reicht. Wochentags läuft beim 12-Uhr-Schlag der Apostelumgang ab, zu jeder vollen Stunde erklingt ein Glockenspiel *(www.marienkirche-rostock.de)*.

Insider Tipp

MUSEUM WARNEMÜNDE

Die Ausstellung zur Lebensweise der Fischer und Seeleute ist in einem ehemaligen Fischerhaus von 1762, dem „Achterregg", untergebracht. *April–Okt. Di–So 10–18, Nov.–März Mi–So 10–18 Uhr | Alexandrinenstr. 31 | www.heimatmuseum-warnemuende.de*

NEUER MARKT

Beherrschendes Gebäude auf dem Platz ist das 700 Jahre alte *Rathaus*. Ein barocker Vorbau von 1727 verdeckt jedoch die gotische Fassade, nur noch sieben Türme sind zu sehen. Rechts hinter dem Rathaus steht das *Kerkhofhaus*, eines der bedeutenden und frühen Giebelhäuser in Mecklenburg-Vorpommern.

SCHIFFBAU- UND SCHIFFFAHRTSMUSEUM

Zwölf Jahre lang fuhr der 10000-t-Frachter unter dem Namen „Dresden" mit der DDR-Flagge am Heck über die Weltmeere, heute beherbergt es als Traditionsschiff das Schiffbau- und Schifffahrtsmuseum. Gezeigt wird die Schiffbaugeschichte der Ostseeküstenregion vom Bau des slawischen Einbaums bis hin zur modernen Fertigung von stählernen Frachtschiffen. *April–Juni, Sept. Di–So 9–18, Juli/Aug. tgl. 9–18, Okt.–März Di–So 10–16 Uhr | am*

Ufer des Breitling im Stadtteil Schmarl | www.schifffahrtsmuseum-rostock.m-vp.de

SEEHAFEN

Rundfahrten durch den Seehafen beginnen in Rostock Am Kapuzenhof, in Warnemünde am Alten Strom. Beliebt ist ein **Minitrip mit einem modernen Fährschiff** über die Ostsee ins dänische Gedser oder nach Trelleborg in Südschweden *(Scandlines: Tel. 01805/11 66 88 | www.scandlines.de; TT-Line: Tel. 0381/67 07 90 | www.ttline.com).*

`Insider Tipp`

WARNEMÜNDER LEUCHTTURM ☼

Der 37 m hohe Leuchtturm steht seit fast hundert Jahren nahe der Hafeneinfahrt. Weiter Blick von der Aussichtsterrasse. *Mai–Sept. tgl. 10–19 Uhr*

ZOO

Im größten zoologischen Garten an der deutschen Nord- und Ostseeküste leben rund 1700 Tiere in 400 Arten. Besonders beliebt sind die **Schaufütterungen** bei Seelöwen *(tgl. 11, 14 Uhr)*, Fischottern *(15 Uhr)*, Pinguinen *(15.15 Uhr)* und Elefanten *(15.45 Uhr). Barnstorfer Ring | April–Okt. tgl. 9–19 (Mai–Aug. Sa/So 9–18 Uhr), Nov.–März 9–17 Uhr | www.zoo-rostock.de*

`Insider Tipp`

> LOW BUDGET

> Wohl einmalig in Deutschland: *Rostocks Museen* verlangen keinen Eintritt. Man baut ganz auf freiwillige Spenden der Besucher.

> Viele Ermäßigungen, kostenlose Eintritte und die kostenlose Benutzung der öffentlichen Verkehrsmittel bietet die *Rostock-Card*. Sie gilt 48 Stunden und kostet 9 Euro.

> Lediglich eine Spende von 2 Euro wird bei einer Führung auf einem der letzten *Grenztürme* der DDR erwartet *(http://ostsee-grenzturm.com)*. Der Turm, von dem man bis zu 12 Seemeilen weit schauen kann, steht nahe der Seebrücke von Kühlungsborn. Von 15 m Höhe suchten einst DDR-Grenzer die Ostsee nach Republikflüchtlingen ab.

> Von Mai bis September finden in der Kirche von *Rerik* kostenlose Klassikkonzerte statt.

■ ESSEN & TRINKEN ■

CHEZANN

Viel gelobtes Gourmetrestaurant mit freundlichem Ambiente und einer französisch inspirierten Küche. *Di–So abends | Mühlenstr. 28 | Warnemünde | Tel. 0381/510 71 77 | www.chezann.de | €€€*

ZUR KOGGE

Rostocks älteste Seemannskneipe ist zwar längst kein Geheimtipp mehr, aber immer noch urgemütlich. Ältestes Inventar ist der rund 150 Jahre alte Tresen. Freitags und samstags werden stilecht Shantys auf dem Schifferklavier gespielt. *Tgl.* | *Wokrenter Str. 27 (in Rostock)* | *Tel. 0381/493 44 93* | *www.zur-kogge.de* | €

ten Gerichte zubereiten. Herrlicher Blick auf den Rostocker Stadthafen. *So-Abend und Mo geschl.* | *Am Strande 3d* | *Tel. 0381/458 58 00* | *www.silo4.de* | €–€€

■ EINKAUFEN

Viele kleine Läden, moderne Passagen – die *Kröpeliner Straße* gehört zu den beliebtesten Einkaufsstraßen

Während der Hanse Sail sind die vielen Traditionssegler Glanzpunkte in Rostocks Hafen

MEYERS MÜHLE

Restaurant, Schänke und Café im Gemäuer einer 1866 erbauten Mühle. Täglich frischer Fisch vom Kutter. *Tgl.* | *Mühlenstr. 44 (in Warnemünde)* | *Tel. 0381/542 50* | €–€€

 ## SILO 4 ✿

In der offenen Showküche in der siebten Etage eines ehemaligen Speichers können die Gäste zuschauen, wie die Köche die asiatisch inspirier-

in Mecklenburg-Vorpommern. Am Rand des Universitätsplatzes versteckt sich hinter dem Neorenaissancehaus Nr. 26 die *Galerie Rostocker Hof* mit mehr als 40 Geschäften und Restaurants unter einer Glaskuppel. Durch das Haus Kröpeliner Straße 19 erreicht man den *Hopfenmarkt*. In der *Galerie Klosterformat (im Hof des Klosters zum Heiligen Kreuz | www.klosterformat.de)* werden wechselnde Verkaufsausstellun-

ROSTOCK/WARNEMÜNDE

gen der Angewandten und Bildenden Kunst gezeigt. In Warnemünde gibt es viele Läden und Boutiquen am *Alten Strom*. Sa/So 8–18 Uhr wird auf dem Warnemünder Fischmarkt an der Mittelmole Fisch in allen Varianten angeboten. Mai–Okt. mit maritimem Kulturprogramm.

Insider Tipp

0381/461 20 | Fax 46 12 12 34 | *www.die-kleine-sonne.de* | €€ – €€€

STRAND-HOTEL HÜBNER
First-Class-Hotel in herrlicher Lage an der Strandpromenade, höchster Wohnkomfort sowie eine 500 m² große Wellnessoase auf zwei Etagen

Treffpunkt für Einheimische und Gäste: Am Alten Strom in Warnemünde ist immer was los

▪ ÜBERNACHTEN ▪

KATY
Familiengeführte Pension mit dem gemütlichen Restaurant *Knurrhahn*. 12 Zi. | Kurhausstr. 9 (in Warnemünde) | Tel. 0381/54 39 40 | Fax 543 94 41 | *www.pensionkaty.de* | €–€€

DIE KLEINE SONNE
Hotel garni. Kleine, aber gut ausgestattete 48 Zimmer in munteren Farben. *Steinstr. 7 (in Rostock)* | Tel.

mit Schwimmbad (11 m lang). 95 Zi. | Seestr. 12 (in Warnemünde) | Tel. 0381/543 40 | Fax 543 44 44 | *www.hotel-huebner.de* | €€€

▪ FREIZEIT & SPORT ▪

Einen *Bootsverleih* gibt es in Warnemünde am Alten Strom bei der Drehbrücke, in der Nähe starten auch Fischerboote zum *Hochseeangeln* und legen Fahrgastschiffe zu *Rundfahrten* ab. Im *FC Hansa-Fan-Shop (Breite Str. 12–15)* sind Karten für Heim-

ROSTOCK/UMGEBUNG

spiele und Fanartikel des Fußball-
clubs zu haben.

AM ABEND

Der ▶▶Mau-Club (Warnowufer 56 |
www.mauclub.de) ist einer der ange-
sagtesten Liveclubs der Ostseeküste.
Im Studentenkeller (Universitätsplatz
| So/Mo geschl. | www.studentenkel
ler.de) kocht ab Mitternacht die Stim-
mung. Im Wicki Wacki Woo II gibt es
mehr als 200 Drinks (Fritz-Reuter-
Str. 39 | tgl. | www.wickiwackiwoo.
de). Das Rostocker Theater hat mehrere Spielstätten (Vorverkauf: Dobe-
raner Str. 134 | Tel. 0381/381 47 00 |
www.volkstheater-rostock.de).

AUSKUNFT

ROSTOCK INFORMATION
Neuer Markt 3 | 18055 Rostock | Tel.
0381/381 22 22 | Fax 381 26 02 |
www.rostock.de

TOURISTINFORMATION WARNEMÜNDE
Am Strom 59 | 18119 Rostock-Warne-
münde | Tel. 0381/548 00 10 | Fax
548 00 30 | www.warnemünde.de

ZIELE IN DER UMGEBUNG

GÖLDENITZ [115 F4]
Im Modell- und Landschaftspark
SehLand werden die schönsten Bauwerke Mecklenburg-Vorpommerns
im Miniaturformat gezeigt, u.a. der
Schinkelturm Kap Arkona (Okt.–Mai
tgl. 10–17, Juni–Sept. 10–18 Uhr |
www.sehland-mv.de). Das Landschulmuseum Göldenitz gibt interessante Einblick in das Schulleben vor
hundert Jahren (siehe Kapitel „Mit
Kindern reisen"). 10 km

KARL'S ERLEBNISDORF [115 E2]
Deutschlands größter Bauernmarkt.
Das ganze Jahr über herrscht hier
Trubel, neben Mecklenburger
Schmankerln, z.B. Sanddornproduk-
ten und Wurstspezialitäten, wird viel
Schönes für Haus, Hof und Garten
geboten. Hofeigene Kaffeerösterei,
in der Sie selbst Kaffee rösten können. Für die Kinder gibt es das Kin-
derabenteuerland mit Kletterburg
und Kutter und den Streichelzoo. Rö-
vershagen (an der B 105) | tgl. |
www.bauernmarkt.de. 12 km

> MARITIMES LEXIKON
Wissenswertes für Binnenländer

Bek	– Zufluss vom Bodden zur Ostsee	Haken	– vom Meer durch Sandablagerungen gebildete Landzunge
Bodden	– Ostseebucht mit schmalem Meerzugang	Marina	– kleiner Binnenhafen für Yachten und Motorboote
Brise	– frischer Wind, „tolle Brise" steht auch für von Alkohol bedingte Schlagseite	Stöder	– kleine Markierungsbojen
		Votivschiff	– einem Heiligen gewidmetes Schiffsmodell in einer Kirche
Haff	– vom Meer weitgehend abgeschnürte ehemalige Meeresbucht	Wiek	– niederdeutsch für flache Bucht

> HALBINSELKETTE MIT EINZIG-ARTIGEM NATURSCHAUSPIEL

Weite Sandstrände, urige Wälder, stille Dörfer und Zehntausende von Kranichen im Frühjahr und Herbst

> **Zwischen den beiden Hansestädten Rostock und Stralsund schiebt sich die Halbinselkette Fischland, Darß, Zingst ins Meer – eine bezaubernde, stille Küsten- und Boddenlandschaft mit weißen Sandstränden und dem Darßwald, der zum Nationalpark Vorpommersche Boddenlandschaft gehört.** In dem urwüchsigen Waldgebiet wuchern Lianen, Waldgeißblatt und Efeu aufgrund der hohen Luftfeuchtigkeit so üppig wie in subtropischen Urwäldern. Das Farnkraut erreicht

Höhen von über 3 m. Mit seinen vielen Wasserlöchern ist der Wald jedoch auch ein Mückenparadies.

Der Landstrich hat sich seine Beschaulichkeit bewahrt. So findet man hier zahlreiche Vogelarten, darunter die langhalsigen Kraniche, die die Halbinsel Zingst und die angrenzenden Regionen zum größten Kranichrastplatz Europas machen. Bis zu 40000 der großen Vögel bescheren den Gästen hier jedes Frühjahr und

Bild: Freilichtmuseum Klockenhagen

FISCHLAND DARSS, ZINGST

jeden Herbst ein einzigartiges Naturschauspiel. Weithin ist ihr trompeten-
haftes Rufen zu hören.

Jeder Teil der Halbinselkette, die
an manchen Stellen nur 200 m breit
ist, besitzt ein anderes Gesicht. Auch
die Orte, darunter Ribnitz-Damgarten und Barth als Eingangstore, haben ihr unverwechselbares Profil.

In einem der bekanntesten an der
Ostsee gesungenen Lieder heißt es:
„Wo de Ostseewellen trecken an den
Strand, … dor is mine Heimat, dor
bün ick to Hus." Der Schauplatz in
dem Lied wird oft verändert, doch
gewidmet ist es dieser Region, denn
die Heimat der Autorin Martha Mül-
ler-Grählert ist die Halbinsel Zingst.

AHRENSHOOP

[116 A2] Das Ostseebad (800 Ew.) hat eine
lange Tradition als Künstlerkolonie. Ende
des 19. Jhs. kamen erstmals Maler ins ab-

Beeindruckendes Naturgebilde: das Steilufer in Ahrenshoop

geschiedene Ahrenshoop. Manche blieben nur einen Sommer, andere auf Dauer. Bis heute ist Ahrenshoop bevorzugtes Domizil von Künstlern geblieben. In der *Strandhalle,* im *Haus Elisabeth von Eicken* sowie im *Dünenhaus* erfreuen wechselnde Ausstellungen Einheimische wie Gäste.

In den Ortsteilen Althagen und Niehagen herrscht eine ländliche Atmosphäre, sie haben ihren Charakter als Bauern- und Fischerdorf erhalten. Beeindruckend ist das bis zu 18 m aufragende ✿ Steilufer am südlichen Ortsende. Von hier eröffnet sich ein weiter Ausblick auf den feinen Sandstrand und auf die Ostsee.

Insider Tipp

■ SEHENSWERTES

KUNSTKATEN

In dem traditionsreichen Haus (seit 1909), der Galerie der Gemeinde Ahrenshoop, stellen regionale Künstler ihre Arbeiten vor. Außerdem Kunst-

auktionen, Konzerte (Klassik, Jazz) und Lesungen. *Strandweg 1 | Tel. 038220/803 08 | www.kunstkaten.de*

NEUES KUNSTHAUS AHRENSHOOP

Wechselausstellungen zeitgenössischer Kunst, Lesungen, Konzerte; Skulpturengarten. *Bernhard-Seitz-Weg 3a | Tel. 038220/807 26 | www. neues-kunsthaus-ahrenshoop.de*

■ ESSEN & TRINKEN

AM KIEL

Tagesfrischer Fisch aus Bodden und Ostsee. *Nov.–März Mo/Di geschl. | Boddenweg 12 (OT Niehagen) | Tel. 038220/669 70 | www.amkiel.de | €€–€€€*

RÄUCHERHAUS SCHÖNTHIER

Fisch fangfrisch oder aus der hauseigenen Räucherei. *Tgl. | Hafen Althagen | Tel. 038220/69 46 | www.raeucherhaus-ahrenshoop.de | €€*

ZUR ROBBE

Etwa 40 verschiedene Fischgerichte. In der dazugehörigen Weinhandlung stehen 350 Weine zur Auswahl, darunter bis zu 50 Sorten aus den ostdeutschen Regionen Saale-Unstrut und Meißen. *Tgl. | Dorfstr. 29 | Tel. 038220/801 36 | €–€€€*

■ EINKAUFEN

Das traditionsreichste Geschäft der Halbinselkette ist die *Bunte Stube (Dorfstr. 24).* Angeboten werden Bücher und Kunsthandwerk, außerdem regelmäßig Kunsthandwerksausstellungen. Die Tradition der Fischlandkeramik setzen mehrere Künstler fort *(Infos bei der Kurverwaltung).*

■ ÜBERNACHTEN

DER FISCHLÄNDER

32 im komfortablen Landhausstil eingerichtete Zimmer. Im Hotel befindet sich die Cocktailbar ▶▶ *Tute,* der angesagteste Szenetreff der Halbinsel *(tgl. ab 21 Uhr). Dorfstr. 47e | Tel. 038220/69 50 | Fax 695 55 | www. hotelderfischlaender.de | €€–€€€*

LANDHAUS MORGENSÜNN

17 helle, freundliche Zimmer im Landhausstil. Wellnessbereich mit Schwimmbad. *Bauernreihe 4 d | Tel. 038220/64 10 | Fax 641 26 | www. landhaus-morgensuenn.de | €€–€€€*

■ FREIZEIT & SPORT

Zu den regionalen Besonderheiten gehört die Freizügigkeit am Strand. Traditionell sind in Ahrenshoop und am Weststrand des Darßes die Grenzen zwischen Textil- und FKK-Strand fließend. Im Ortsteil Althagen starten dickbäuchige Zeesenboote zu ==Insider Tipp== Boddenrundfahrten, auch in Prerow und Wustrow legen sie ab.

■ AUSKUNFT

KURVERWALTUNG

Kirchnersgang 2 | 18347 Ostseebad Ahrenshoop | Tel. 038220/6 66 60 | Fax 66 66 29 | www.ahrenshoop.de

BARTH

[116 C2] **Das sympathische Städtchen (9800 Ew.) ist das östliche Tor zur Halbinselkette Fischland, Darß, Zingst. Vom Marktplatz geht die schmale Einkaufsstraße ab, eine andere führt zum Hafen.**

Das Dammtor ist das letzte der einst vier Stadttore, der 12 m hohe Fangelturm ein Wehrbau aus dem 14. Jh., als Barth Residenzstadt der rügi-

MARCO POLO HIGHLIGHTS

★ **Darßer Arche**
Erlebnisausstellung im Nationalparkzentrum in Wieck (Seite 58)

★ **Freilichtmuseum Klockenhagen**
Bäuerliches Leben wie vor 200 Jahren (Seite 64)

★ **Bernstein-schaumanufaktur**
In Ribnitz-Damgarten: Schmuckherstellern über die Schulter schauen (Seite 62)

★ **Darßer Ort**
Vom Leuchtturm sehen, wie der Darß wächst – 10 m pro Jahr (Seite 60)

schen bzw. pommerschen Herzöge wurde. Deren Schloss wurde im Dreißigjährigen Krieg zerstört. 1998 stellten Berliner Historiker die These auf, die legendäre und einst größte Ostseesiedlung Vineta habe im Barther Bodden gelegen. Barth ließ sich daraufhin den Namen Vineta als Markenzeichen schützen und wirbt heute damit.

■ SEHENSWERTES ■

VINETA-MUSEUM

Das Museum versucht die These zu erhärten, die legendäre, angeblich vom Meer verschlungene Stadt Vineta habe sich bei Barth befunden. *Mo–Fr 10–17, Sa/So 11–17 Uhr | Lange Str. 16 | www.vineta-museum.de*

>LOW BUDGET

> „Eintritt frei!" heißt es im *Forst- und Jagdmuseum Ferdinand von Raesfeld* in Born, im *Darßer Bernsteinmuseum* in Prerow *(Waldstr. 54, Mo–Sa 10–12, 15–18 Uhr)*, im *Nationalpark-Informationszentrum* in Zingst/*Sundische Wiese (tgl. 10–16, April–Aug. 10–17 Uhr)* und im *Nationalpark-Informationszentrum Born.*

> Vogelperspektive gratis: Von oben auf einen Ort und die Umgebung zu schauen, ist immer reizvoll, doch meistens kostet der Ausblick von Aussichts- oder Kirchtürmen Geld. Nicht so in *Wustrow*, hier ist der Blick vom Kirchturm kostenlos.

> Besucher mit Vollbart und mit dem Namen Bart(h) zahlen im *Vineta-Museum* in Barth einen ermäßigten Eintrittspreis von 2 Euro.

■ ESSEN & TRINKEN ■

GALERIE CAFÉ ▶▶

Insider Tipp

Neben dem Café, in dem Literatur, Bilder und Musik ein zu Hause haben, gibt es eine Galerie. *Tgl. | Klosterstr. 1 | Tel. 038231/773 03 | www.galeriecafe-barth.de*

SUR LA MER

Südländisches Flair am Barther Hafen. Regionale Gerichte und mediterrane Küche. *Tgl. | Am Westhafen 24 | Tel. 038231/775 36 | www.sur-la-mer.net | €–€€*

■ ÜBERNACHTEN ■

JUGENDHERBERGE

Die einzige Jugendherberge Deutschlands mit eigenem Reiterhof. *Insider Tipp* *155 Betten | Donnerberg | Tel. 038231/28 43 | Fax 20 90 | www.djh-mv.de | €*

POMMERNHOTEL BARTH

Abseits vom touristischen Rummel sorgt das Ehepaar Splettstößer für einen angenehmen Aufenthalt. *31 Zi. | Divitzer Weg 2 | Tel. 038231/455 80 | Fax 455 82 22 | www.pommernhotel.de | €€*

RINGHOTEL SPEICHER

Der alte Getreidespeicher ist nicht wieder zu erkennen. Es entstanden 31 großzügige Apartments und 12 Suiten (z. T. mit Sauna). *Am Osthafen | Tel. 038231/633 00 | Fax 634 00 | www.speicher-barth.de | €€*

■ AUSKUNFT ■

BARTH-INFORMATION

Lange Str. 13 | 18356 Barth | Tel./Fax 038231/24 64 | www.stadt-barth.de

BORN

[116 B2] **Rohrgedeckte, bunt bemalte Häuser mit hübsch angelegten Vorgärten bestimmen das Bild von Born (1200 Ew.).** An Wald und Wiesen entlang erstreckt sich der Erholungsort über 4,5 km. Der westliche Teil liegt am Saaler Bodden, der größere Teil östlich des Holm am Koppelstrom, der den Saaler- mit dem Bodstedter Bodden verbindet.

■ SEHENSWERTES ■

FISCHERKIRCHE

In der von Borner Handwerkern errichteten Holzkirche werden <mark>vielfältige Konzerte</mark> organisiert. Die zwei Votivschiffe, der Gaffelschoner „Hans" und das Schiff „Helga", sind als Dank für die glückliche Heimkehr der Seeleute geweihte Schiffsmodelle.

Insider Tipp

FORST- UND JAGDMUSEUM FERDINAND VON RAESFELD

Beeindruckend ist das <mark>Ganzkörperpräparat zweier im Brunftkampf verhakelter Rothirsche.</mark> Es soll in Europa einmalig sein. Eine Seltenheit ist auch der weiße Maulwurf. *Di–So 10–16 Uhr | Chausseestr. 64*

Insider Tipp

NATIONALPARKINFORMATION

Eine Ausstellung zum Sehen, Anfassen und Fühlen, ein Erlebnis für die ganze Familie. Auf der simulierten Wanderung über und durch den Darß durchstreifen die Besucher den Darßwald und gehen die Boddenküste entlang. *Jan.–Okt. tgl. 10–16, Nov./Dez. Mo–Fr 10–16 Uhr | auf dem Gelände der Alten Oberförsterei (nahe der Tourist-Information)*

Jung-Skipper auf großer Tour

■ ESSEN & TRINKEN ■

CAFÉ TONART

Bekannt für Tee- und Kaffeespezialitäten, selbst gebackener Kuchen und Keramikausstellungen. *April bis Okt. Di–So | Chausseestr. 58 | Tel. 038234/559 57 | www.cafe-tonart.de*

WALFISCHHAUS

Biorestaurant mit sehr guter Küche. Empfehlenswert: Schollenfiletröllchen mit Blattspinat. *Mi geschl. | Chausseestr. 74 | Tel. 038234/557 85 | www.walfischhaus.de | €–€€*

■ ÜBERNACHTEN ■

HAUS SEEZEICHEN

6 Nichtraucherzimmer unter dem Rohrdach auf dem rund 6000 m² großen Grundstück. *Im Moor 3 | Tel. 038234/55 98 01 | Fax 303 62 | www.darss-haus-seezeichen.de | €*

■ FREIZEIT & SPORT ■

Der *Reiterhof Kafka (Im Moor 17 | Tel. 038234/249)* bietet Kutsch- und Kremserfahrten, Reitunterricht sowie Reitferien für Kinder an. Die Gewässer um Born eignen sich bestens für den Segelsport. Die weitgehend flachen Boddengewässer sind bei Wind- und Kitesurfern beliebt. Der Surfstrand befindet sich beim Campingplatz Regenbogen.

■ AM ABEND ■

Insider Tipp Die Kleinkunstbühne „Sommertheater" veranstaltet Theater, Kabarett, Lesungen, Konzerte, Kinderprogramme. Sie fasst nur 50 Personen, deshalb rechtzeitig reservieren! *März–Okt. Sa/So, Juli/Aug. tgl. | Chausseestr. 75 | Tel. 038234/504 21*

■ AUSKUNFT ■

TOURIST-INFORMATION
18375 Born a. Darß | Chauseestr. 75 | Tel. 038234/5 04 21 | Fax 504 31 | www.darss.org

■ ZIEL IN DER UMGEBUNG ■

WIECK [116 B2]
Eine vielseitige Reise durch die Boddenlandschaft Vorpommerns erlebt der Gast im modernen Nationalparkzentrum ★ *Darßer Arche*. In den 700 m² großen Ausstellungsraum gelangen die Besucher, begleitet von Vogelgezwitscher, über Feuersteine und eine Dünenlandschaft. Wer keine Zeit hat, die Tiere in der Natur zu beobachten, der sieht sich den Film mit *Insider Tipp* grandiosen Bildern von Europas größtem Kranichrastplatz an *(April bis Okt. tgl. 10–18, Nov.–März Mi bis So 11–16 Uhr | Bliesenrader Weg 2 | www.darsserarche.de). 4 km*

DIERHAGEN

[115 F1] **Der westlichste Ort der Halbinselkette liegt zwischen Ostsee und Bodden.** Von den fünf Ortsteilen wenden sich Dierhagen-Strand, Dierhagen-Ost und Neuhaus der Ostsee, Dierhagen-Dorf und Dändorf mit

> BÜCHER & FILME
Impressionen einer vielfältigen Landschaft

> **Weltklasse. 100 Anekdoten** – Kurioses und Wissenswertes aus Mecklenburg-Vorpommern von Jana Sperber

> **Mecklenburg-Vorpommern – ein Porträt** – eine Hommage an das nordwestlichste Bundesland mit wunderschönen Fotos und vielfältigen Beiträgen (Hg. Konrad Reich)

> **Und es wurde Nacht, Der Tod der Königskinder** – Zwei Fälle für Kommissarin Katja Sommer, die eigentlich ihren Urlaub auf der Insel Rügen verbringen wollte.

> **Die Ostsee von Mecklenburg-Vorpommern** – Der Film (Verlag Schwarz-Schönherr) macht mit den Naturschönheiten der Küste bekannt, führt in die Hansestädte und in die Landeshauptstadt Schwerin.

> **1000 x Mecklenburg/Geheimtipp Vorpommern** – In den Filmen wird von dem erzählt, was das Bundesland ausmacht: Natur und geschichtsträchtige Städte, herrliche Strände und berühmte Persönlichkeiten (AV Studio Kiel)

ehemaligen Kapitänshäusern und Bauernhöfen dem Saaler Bodden zu. Das familienfreundliche Ostseebad (1600 Ew.) ist umgeben von Wiesen und Wald und bietet viel Ruhe.

ESSEN & TRINKEN

PFANNKUCHENHAUS

Von herzhaft bis süß – Eierkuchen in allen Geschmacksvarianten, Fisch, Fleisch und mehr. *Tgl. | Waldstr. 4 | Tel. 038226/804 64 | www.pfannku chenhaus-dierhagen.de | €*

TAU'N DÖRPKRAUG

Das preiswerte Angebot richtet sich nach dem der Fischer. *Mo geschl. | Kirchstr. 8 (Dierhagen-Dorf) | Tel. 038226/235 | €*

ÜBERNACHTEN

BLINKFÜER

Nur 200 m vom Strand entfernt, Sauna, Whirlpool, Fitnessraum. Für mehrere Personen bzw. Familien interessant: die fünf zweigeschossi-gen Maisonetteapartments (bis 5 Pers.). *28 Zi. | An der Schweden-schanze 20 (Dierhagen-Ost) | Tel. 038226/803 84 | Fax 803 92 | www.hotel-blinkfueer.m-vp.de | €€*

STRANDHOTEL FISCHLAND 🏊

Alleinlage direkt am Strand mit zahl-reichen Freizeiteinrichtungen (Ten-nisplätze, Schwimmbad, Saunen). *172 Zi. und Ap. | Ernst-Moritz-Arndt-Str. 6 (Dierhagen-Strand) | Tel. 038226/520 | Fax 529 99 | www. strandhotel-fischland.de | €€€*

FREIZEIT & SPORT

Am Hotel Blinkfüer gibt es einen *Mi-nigolfplatz,* das Hotel Fischland bie-

Die Halbinsel ist Rastplatz für Großvögel

tet *Schwimmbad, Sporthalle* mit *Ten-nisplatz* und zwei Tennisplätze im Freien, die auch von Nichthotelgäs-ten genutzt werden können.

AUSKUNFT

KURVERWALTUNG

Ernst-Moritz-Arndt-Str. (im Haus des Gastes) | 18347 Ostseebad Dierha-gen | Tel. 038226/201 | Fax 804 66 | www.ostseebad-dierhagen.m-vp.de

PREROW

[116 B1] ☼ „Ostseebad im Grünen" wird Prerow (1800 Ew.) mit seinem feinsandi-gen Strand oft genannt. Der Ort liegt an der Nordseite der Halbinsel Darß. Auf einer 395 m langen Seebrücke können Sie über den Wellen wandeln. Das Bild störende Hochhäuser gibt es nicht, stattdessen einstöckige rohrgedeckte Häuser inmitten blumenreicher Gärten.

Rund 50 km lange ausgeschilderte Wanderwege führen auch in bzw. durch den Nationalpark Vorpommersche Boddenlandschaft. Schön ist der Blick auf die Ostsee und den Bodden von der Hohen Düne (16,5 m) westlich der Straße nach Zingst.

■ SEHENSWERTES

DARSSER ORT ★

Jeden Tag wird hier ein Stück Deutsch-Land geboren. Denn der Darß wächst durch angelandeten Sand jährlich bis zu 10 m nach Nordosten. Das Naturschauspiel lässt sich am besten vom 35 m hohen, 1848 erbauten *Leuchtturm* betrachten, der mit einem Naturkundlichen Ausstellungszentrum zum *Natureum Darßer Ort* gehört. Der nördlichste Zipfel der Halbinsel ist auf Waldwegen nur per Fahrrad, zu Fuß oder von dem 4,5 km entfernten Prerow per Pferdekutsche zu erreichen. Vor dem Rückweg kann man sich im Café am Leuchtturm stärken. *Mai–Okt. tgl. 10–18, Nov.–April Mi–So 11–16 Uhr*

DARSS-MUSEUM

Ausstellung über die Lebensweise der Darß-Bewohner. *Mai–Okt. tgl. 10–17, Nov.–April Mi–So 13–16 Uhr | Waldstr. 48*

■ ESSEN & TRINKEN

TEESCHALE

Darßer Gemütlichkeit bei Tee, Kaffee und selbst gebackenem Kuchen im rohrgedeckten Haus. An warmen Tagen wird im Garten serviert. Im dazugehörenden Laden machen 130 Teesorten, Leckereien und zahlreiche lokale Mitbringsel die Auswahl nicht leicht. *Nov.–März Mo geschl. | Waldstr. 50 | Tel. 038233/608 45 | www.teeschale.de*

Rot-weiße Tupfen auf hellem Sandstrand: Badevergnügen bei Prerow auf dem Darß

LAND, DARSS, ZINGST

TITANIA
Freundliches Restaurant, in dem feine regionale Küche serviert wird. Der Fisch kommt aus dem nahen Bodden und das Wild aus dem Darßer Wald. *Tgl. | Bernsteinweg 4 (im Hotel Waldschlösschen) | Tel. 038233/61 70 | www.waldschloesschen-prerow.de | €€€*

■ ÜBERNACHTEN ■

HAUS HINTER DEN DÜNEN
80 Apartments und Ferienhäuser in einer naturbelassenen Anlage unmittelbar am Strand (Spielplatz, Minigolf, Sauna, Solarium). *Bernsteinweg 6 | Tel. 038233/70 60 | Fax 70 61 01 | www.haus-hinter-den-duenen.de | €*

REGENBOGEN CAMP PREROW
Wer gern einmal im Wohnwagen Quartier nehmen möchte, hier gibt es welche zum Mieten. Auch Mietzelte mit Kochgelegenheit, Kühlschrank und Geschirr sind vorhanden. Prerow ist der einzige Campingplatz an der Ostseeküste, auf dem offiziell das Zelt in den Dünen stehen darf. *Ganzjährig geöffnet | Tel. 038233/331 | Fax 693 51 | www.regenbogen-camp.de | €*

HOTEL WALDSCHLÖSSCHEN
Strandnah und ruhig gelegen. Zum Haus gehört ein Schwimmbad mit Gegenstromanlage. *29 Zi. | Bernsteinweg 4 | Tel. 038233/61 70 | Fax 403 | www.waldschloesschen-prerow.de | €€€*

■ FREIZEIT & SPORT ■

Den urwüchsigen Weststrand können Sie nur zu Fuß oder mit dem Fahrrad erreichen. Bootsverleih, Tretboote, Schiffsausflüge, Surfkurse und Tennis gehören zu den vielen Freizeitangeboten in Prerow. Amerikanisches Flair vergangener Zeiten verspricht

Kunstvolle Türen als Zeichen von Wohlstand

die Fahrt mit dem *River Star,* einem originalgetreu nachgebauten Mississippi-Schaufelraddampfer *(Tel. 038234/239 | www.reedereiposchke.de).* Er läuft täglich zu Boddenrundfahrten aus. **Insider Tipp**

■ AM ABEND ■

KULTURKATEN KIEK IN **Insider Tipp**
Kleinkunstbühne mit vielfältigen Veranstaltungen, Theater, Kabarett und Lesungen ebenso wie Konzerte. *Waldstr. 42*

■ AUSKUNFT ■

KURVERWALTUNG
Gemeindeplatz 1 | 18375 Ostseebad Prerow | Tel. 038233/61 00 | Fax 610 20 | www.ostseebad-prerow.de

RIBNITZ-DAMGARTEN

[116 A3–4] Die Doppelstadt (17 500 Ew.) am Ribnitzer See gilt als westliches Tor zur Halbinselkette Fischland, Darß, Zingst. Jahrhundertelang bildete die Recknitz die Grenze zwischen dem mecklenburgischen Ribnitz und dem vorpommerschen Damgarten. An die große mittelalterliche Zeit von Ribnitz erinnern die *Marienkirche* (13./14. Jh.) und das *Rostocker Tor* von 1430.

Sie zuschauen, wie das „Gold des Meeres" gesägt, geschliffen, poliert und verarbeitet wird, wie aus Gold und Silber wunderschöne Gegenstände entstehen. Große Verkaufsausstellung mit etwa 10 000 Schmuckstücken. *Mo–Fr 9.30–18, Sa 9.30–16 Uhr | Ortsteil Damgarten, Gewerbegebiet Ost (direkt an der B 105) | www.ostseeschmuck.de*

Bernsteinmanufaktur: zuschauen, wie aus dem Stein wunderschöne Gegenstände werden

■ SEHENSWERTES ■

BERNSTEINSCHAUMANUFAKTUR ★
Beim größten Schmuckproduzenten in den neuen Bundesländern können

DEUTSCHES BERNSTEINMUSEUM
Umfangreichste Bernsteinsammlung in Deutschland. In der Schauwerkstatt können Sie Bernsteinstücke kaufen und diese von Hand selbst schleifen. *Insider Tipp* Poliert und gebohrt wird Ihr Stein in der Museumswerkstatt. *März–Okt. tgl. 9.30–18, Nov.–Feb. Di–So 9.30–17 Uhr | Im Kloster 1–2 | www.deutsches-bernsteinmuseum.de*

> **www.marcopolo.de/ostseekueste-mv**

LAND, DARSS, ZINGST

■ ESSEN & TRINKEN ■

FISCHHAFEN-RESTAURANT MEERESBÜFETT

Besonders lecker: mit hausgeräuchertem Lachs gefülltes frisches Ostseebuttfilet, das mit Gurkengemüse und gebutterten Kräuterkartoffeln serviert wird. *Tgl.* | *Am See 40* | *Tel. 03821/811 38 07* | €–€€

HAFENSCHENKE

Direkt am Boddenufer, von der hellen Veranda Blick aufs Wasser. *Nov.–April Mo geschl.* | *Am See 1a* | *Tel. 03821/89 48 30* | *www.hafen schenke.de* | €–€€

■ ÜBERNACHTEN ■

WILHELMSHOF

Entspannen und Innehalten, auch Ayurveda-Behandlungen sind in dem kleinen Hotel möglich. *10 Zi.* | *Lange Str. 22* | *Tel. 03821/22 09* | *Fax 70 77 79* | *www.hotel-wilhelmshof.de* | €€

■ AM ABEND ■

Besonders stimmungsvoll sind in den Sommermonaten die Konzerte im Chorsaal des ehemaligen *Klarissinnenklosters*. Wer's fetzig mag, besucht die Disko im *Sportpalast* (*www.sport-p.de* | *Damgartener Chaussee 42*).

■ FREIZEIT & SPORT ■

Mit der *Wasserskiseilbahn* 930 m über den Bernsteinsee beim nahen Körkwitz sausen. Im Preis sind die Schwimmweste und eine gründliche Einweisung inbegriffen (*Ostern bis Okt. 9 Uhr bis Sonnenuntergang* | *www.wasserski-nvp.de*). Badevergnügen bietet die *Bodden-Therme* (*Körkwitzer Weg 15* | *www.bodden-therme.de* | *während der Ferien tgl.*

> BLOGS & PODCASTS
Gute Tagebücher und Files im Internet

> *www.ndr.de/podcastlink/ndr1ra-diomv_kiekmalan.xml* – Die Kurzgeschichten von dem Lebenskünstler Rolf und dem Beamten Jürgen sind in Mecklenburg-Vorpommern Kult.

> *www.usedomspotter.de* – Privates Blog über Kurioses, Schönes, Unschönes, Lustiges und Ernstes auf der Insel Usedom

> *www.putbus.eu/blog* – Einer der sich immer mehr verbreitenden Weblogs, auf denen Menschen von ihren Erfahrungen berichten, Kolumnen schreiben, Meinungen von anderen entgegennehmen. Es bestehen Blogs zu Rügen-News, Meck/Pomm, Tourismus und Kunst/Kultur.

> *www.ostsee.blogspot.com* – Nachrichten und News zu allen möglichen Themen aus dem Nordosten des Landes

> *www.ruegenmagic.de/blog* – Alles zum Thema Rügen, Infos und Plauderecke

> *www.travel-clips.de/nora-auf-rue gen-podcast/* – Nora erobert Rügen und zeigt die vielen schönen und interessanten Seiten der Insel

Für den Inhalt der Blogs & Podcasts übernimmt die MARCO POLO Redaktion keine Verantwortung.

geöffnet, sonst Mo geschl.). Die *Golf-anlage Neuhof* bei Ribnitz-Damgarten (südlich der B 105) kann vorerst mit einer Drivingrange und einem 9-Loch-Kurzplatz aufwarten.

◼ AUSKUNFT

STADTINFORMATION
Am Markt 14 | 18311 Ribnitz-Damgarten | Tel. 03821/22 01 | Fax 89 47 50 | www.ribnitz-damgarten.de

◼ ZIEL IN DER UMGEBUNG

FREILICHTMUSEUM KLOCKENHAGEN ★ [115 F1]
Um ein 300 Jahre altes niederdeutsches Hallenhaus entstand ein Freilichtmuseum, das frühere Haus- und Gehöftformen in Mecklenburg vorstellt. Die Scheunen, Katen und eine

Kult am Strand: Beachvolleyball

Bockwindmühle standen einst in anderen Dörfern. Die schlichte Fachwerkkirche beispielsweise von 1790 bis 1978 in Dargelütz. Nachgebaut ist der Glockenstuhl, das Original steht in Zislow am Plauer See. Alle zwei Wochen *(Sa)* wird frisches Brot gebacken *(April–Okt. tgl. 9–17 Uhr | Mecklenburger Str. 57 | Klockenhagen | Tel. 03821/27 75 | www.freilichtmuseum-klockenhagen.de). 4 km*

WUSTROW

[116 A2] ☀ Rohrgedeckte Katen und freundliche Kapitänshäuser mit kleinen, bunten Vorgärten sind Zeugen der Vergangenheit Wustrows als Fischer- und Seefahrerort. Jüngeren Datums ist dagegen die Seebrücke, die 240 m weit ins Meer ragt.

Ein toller Blick belohnt den Aufstieg zur ☀ Aussichtsgalerie der Kirche. Bis auf 18 m Höhe erhebt sich das bei Wustrow (1400 Ew.) beginnende Fischländer Kliff, an dem Wind, Frost und Regen nagen.

◼ SEHENSWERTES

KUNSTSCHEUNE BARNSTORF
In einer rohrgedeckten, denkmalgeschützten Scheune sind in den Sommermonaten Kunstausstellungen zu sehen, meist mit Werken norddeutscher Künstler (Malerei, Plastik, Keramik). *Barnstorfer Weg, Hufe 4 | Juni–Okt. tgl. 10–13 und 15–18 Uhr | www.kunstscheune-barnstorf.de*

◼ ESSEN & TRINKEN

RESTAURANTSCHIFF STINNE

Am Saaler Bodden hat der Küstenschoner „Stinne" seinen letzten Ankerplatz gefunden. Das Kajütenres-

Schilf vom Ufer der Boddengewässer liefert den Rohstoff der traditionellen Rohrdächer

taurant bietet vor allem Fisch- und Wildgerichte. *Tgl. | Am Kuhleger | Tel. 038220/336 | €€–€€€*

SCHIFFERWIEGE
Regionale Fischgerichte sowie Weine aus den ostdeutschen Anbaugebieten Saale-Unstrut und Meißen. *Tgl. | Karl-Marx-Str. 30 | Tel. 038220/803 36 | www.schifferwiege. de | €–€€*

■ ÜBERNACHTEN ■
DEUTSCHES HAUS
Kleines Hotel am Wustrower Hafen, ruhig. Sonnenterrasse zum Hafen. *25 Zi. | Hafenstr. 5 | Tel. 038220/69 70 | Fax 697 10 | www.hotel-deutsches-haus.m-vp.de | €*

DORINT STRANDHOTEL
Schmuckstück von Wustrow in exzellenter Lage am Ende der Strandstraße. Im Haus befinden sich Schwimmbad, Sauna und Solarium. *101 Zi. und Suiten | Strandstr. 44–46 | Tel. 038220/650 | Fax 651 00 | www.dorint.de | €€€*

■ FREIZEIT & SPORT ■
Schiffsausflüge vom Hafen am Saaler Bodden. Der Wellnessbereich im *Erholungszentrum Fischland* steht gegen Gebühr allen offen. Tennisplätze in Strandnähe. Zeesenbootfahrten organisiert die Fischländer Segelschule *(www.fischlaender-segel schule.de).*

■ AUSKUNFT ■
KURVERWALTUNG
Ernst-Thälmann-Str. 11 | 18347 Wustrow | Tel. 038220/251 | Fax 253 | www.ostseebad-wustrow.de

ZINGST

[116 B–C1] Wiesen, Wald und Wasser, liebenswerte Hotels, gemütliche Restaurants, eine Seebrücke sowie ein vielseitiges Kulturangebot bietet Zingst. In dem mit 3200 Ew. größten Ort der Halbinselkette, der herrlich zwischen Ostsee und Bodden liegt, stehen mehr als 10000 Betten für Gäste bereit. Im Gegensatz zu den anderen Ferienorten hat Zingst eine verlängerte

Sommersaison, denn ab Mitte September bis Ende Oktober belegen Vogelfreunde, die zur Kranichbeobachtung kommen, die Hotels. Die Region bildet die Drehscheibe für den Kranichzug zwischen den Brutgebieten in Skandinavien, den baltischen Staaten sowie Russland und dem Hauptüberwinterungsgebiet Südspanien. Besonders spannend: Die **Kranichbeobachtung vom Schiff aus**, Startpunkt ist der Hafen Zingst.

Insider Tipp

■ SEHENSWERTES ■

MUSEUMSHOF ZINGST

Unter einem Dach: Das *Heimatmuseum Haus Morgensonne* (Geschichte der Seefahrt und Lebenskultur der Seeleute), die *Schaumanufaktur Pommernstube* (traditionelles Handwerk mit tgl. Workshops) und die *Kulturscheune Lütt Pommernstuw* (Veranstaltungen, z. B. von Mai bis Sept. die Saxophonistin Tina Tandler, die Stücke von **Jazz, Gospel, Blues bis zu Worldmusic** präsentiert, *Infos unter Tel. 038232/155 61*). *Strandstr. 1 und 3* | *Mai–Sept. Mo–Sa 10–17, Okt.–April Mo–Sa 10–16 Uhr* | *www.museumshof-zingst.de*

Insider Tipp

■ ESSEN & TRINKEN ■

CAFÉ ROSENGARTEN

In der Wohnzimmeratmosphäre haben die Gäste die Wahl zwischen bis zu **zehn täglich wechselnden hausgemachten Kuchensorten**. Abends gibt es eine kleine Speisekarte. *Tgl.* | *Strandstr. 12* | *Tel. 038232/847 04* | *www.caferosengarten.de* | *€–€€*

Insider Tipp

ZINGSTER OSTSEEKLAUSE

Fisch in allen Variationen. Köstlich: die Fischplatte Ostseeklause mit verschiedenen Fischfilets *Mo geschl., Di–Do nur abends* | *Seestr. 81 (am Strandübergang 15)* | *Tel. 038232/ 152 43* | *€€*

■ ÜBERNACHTEN ■

MARKS

Auf großem Waldgrundstück am Innendeich zum Bodden. *24 Zi.* | *Weidenstr. 17* | *Tel. 038232/161 40* | *Fax 161 44* | *www.hotel-marks.de* | *€€*

STEIGENBERGER STRANDHOTEL ZINGST 🔊

Das neue First-Class-Hotel mit luxuriösen, im zeitlosen Stil eingerichteten Zimmern befindet sich in bester Strandlage. *121 Zi.* | *Seestr. 60* | *Tel. 038232/84 21 00* | *Fax 84 21 11* | *www.strandhotel-zingst.steigenberger.de* | *€€€*

HOTEL VIER JAHRESZEITEN 🔊

Familienfreundliches Hotel mit drei Restaurants, Pizzabar und Café sowie 1500 m² großem Wellness- und Beautybereich mit Schwimmbad. *95 Zi.* | *Boddenweg 2* | *Tel. 038232/ 17 40* | *Fax 174 74* | *www.vier-jahreszeiten.de/zingst* | *€€–€€€*

■ FREIZEIT & SPORT ■

Im *Kurmittelzentrum (Am Rämel)* gibt es ein Schwimmbad mit 30 Grad warmem Wasser, eine Sauna und eine Minigolfanlage. Tennis- und Badmintonplätze finden Sie in der *Sportfreizeitanlage (Hägerende 5)*. Ausritte sowie Ponyreiten bietet der *Reiterhof Illner (Ortsteil Müggenburg)*. Im *Experimentarium* lernen Kinder aktiv die Gesetze der Natur verstehen. Und im dazugehörigen *Bistro So!* wird dann so richtig ge-

LAND, DARSS, ZINGST

schlemmt *(Nov.–April Mi–So 10–16, Mai, Juni, Sept., Okt. Di–So 10–17, Juli, Aug. tgl. 10–18 Uhr | Seestr. 76 | www.experimentarium-zingst.de).*

■ AM ABEND ■

KON-TIKI-COCKTAILBAR ▶▶

Unschlagbar: Rund 200 Cocktails mit und ohne Alkohol, 25 verschie-

■ ZIEL IN DER UMGEBUNG ■

PRAMORT [117 D1]

Pramort ist einer der größten Rastplätze für Kraniche. Bis zu 40 000 Tiere nutzen die flachen Boddengewässer im Nationalpark Vorpommersche Boddenlandschaft als Schlafplatz, denn hier sind sie sicher vor natürlichen Feinden.

Maritimes Stillleben: Fischerboote am Ostseestrand von Zingst

dene Whiskys, 20 Sorten Rum und vieles mehr bietet die Bar ihren Gästen. Oft Liveveranstaltungen. *Ostern bis Nov. | Seestr. 32 | Tel. 038232/ 155 44 | www.kon-tiki-bar.de*

■ AUSKUNFT ■

KURVERWALTUNG

Seestr. 56 (im Haus des Gastes) | 18374 Zingst | Tel. 038232/81 50 | Fax 815 25 | www.zingst.de

Ein grandioses Schauspiel bietet sich, wenn Tausende der großen Vögel mit ihren Guruh-Guruh-Rufen in die Luft aufsteigen. Vom Parkplatz Sundische Wiese sind es etwa 8 km, die Besucher zu Fuß oder mit dem Fahrrad zurücklegen können *(in den Monaten Sept. und Okt. ist die Besucherzahl für Pramort auf 100 Pers. pro Tag begrenzt. Reservierung über die Kurverwaltung). 16 km*

> BEKANNTE SEEBÄDER MIT TRADITION UND STIL

Per pedes, Fahrrad, Schiff oder Kleinbahn geht es zu unvergesslichen Landschaftserkundungen

> **Die 574 km lange Küste Rügens ist durch Bodden und Wieken zerklüftet. Kein Ort liegt weiter als 6 km vom Meer entfernt. Lange Sandstrände, steil aufragende Ufer, rohrgedeckte Katen und backsteinerne Dorfkirchen prägen die Insel.**
Nicht wenige Kenner behaupten schwärmerisch, Rügen sei nicht nur Deutschlands größte, sondern auch seine schönste Insel. Die bizarren Kreidefelsen der Stubbenkammer mit dem Königsstuhl, der sagenum-wobene Herthasee und die Feuersteinfelder auf der Schmalen Heide sind besondere Naturcharakteristika. Als außergewöhnliches Architekturdenkmal gilt das planmäßig klassizistisch erbaute Putbus. Von der ehemaligen fürstlichen Residenzstadt zuckelt seit dem 19. Jh. eine Kleinbahn, der „Rasende Roland", durch Wiesen und Wälder zu den traditionsreichen Seebädern Binz, Sellin, Baabe und Göhren mit Hotels und

Bild: Seebrücke Sellin

RÜGEN, HIDDENSEE STRALSUND

Pensionen im Stil der Bäderarchitektur. Von Schaprode auf Rügen und im Sommer auch von Stralsund tuckern Personenfähren zum *söten Länneken*, wie die Insel Hiddensee hier genannt wird. Als Eingangstor zu Rügen gilt die Hansestadt Stralsund mit ihrem auf der Welterbeliste stehenden Altstadtbereich.

Über Rügen, Hiddensee und Stralsund informiert Sie ausführlich der MARCO POLO Band „Rügen".

BERGEN

[118–119 C–D4] Die Inselkreisstadt (15 600 Ew.) bildet auch geografisch den Mittelpunkt Rügens. Von Bergen sind die Ausflugsziele in allen Himmelsrichtungen gut zu erreichen.

■ SEHENSWERTES ■

ERNST-MORITZ-ARNDT-TURM ☀
Der 27 m hohe Turm auf dem Rugard entstand als Denkmal für den auf Rü-

gen geborenen Publizisten Ernst Moritz Arndt (1769–1860). Nach 80 Stufen ein herrlicher Blick. *Mai–Okt. tgl. 10–18 Uhr*

SCHAUWERKSTATT KLOSTERHOF

Regionale Handwerker, unter ihnen Kerzenhersteller und Korbflechter, bieten in den alten Klosteranlagen ihre Erzeugnisse an. Bei der Produktion dürfen die Besucher den Handwerkern gern zuschauen. *April–Okt.*

Kleiner Plausch vom Boot aus

Mo–Fr 10–18, Sa 10–16, Nov. bis März Mo–Fr 10–16, Sa 10–13 Uhr

■ ESSEN & TRINKEN ■

PUK UP'N BALKEN

Rustikal, gemütliche Gaststätte mit preiswerten Speisen. *Tgl. | Bahnhofstr. 65 (in der Passage am Brinken) | Tel. 03838/25 72 73 | www. puk-bergen.de | €*

■ ÜBERNACHTEN ■

ROMANTIKHOTEL KAUFMANNSHOF ⌇

Das stilvolle Interieur versetzt in alte Kaufmannszeiten. Biergarten. Verschiedene Wellnessangebote. *18 Zi. |*

Bahnhofstr. 6–8 | Tel. 03838/804 50 | Fax 80 45 45 | www.kaufmannshof.com | €€–€€€

■ FREIZEIT & SPORT ■

Am Rugard werden auf Deutschlands nördlichster *Rodelbahn* auf einer Länge von 700 m Geschwindigkeiten von bis zu 45 km/h erreicht *(April–Okt. tgl. 10–18, Juli/Aug. bis 19, Nov.–März 13 Uhr bis Einbruch der Dunkelheit | www.inselrodelbahn-ruegen.de).* Der *Kletterwald* offeriert Kletterspaß mit unterschiedlichen Schwierigkeitsgraden *(Mai bis Okt. tgl. 9–19.30, Nov.–April 10 bis Sonnenuntergang | www.kletterwald-ruegen.de).*

■ AUSKUNFT ■

TOURISTINFORMATION

Am Markt 23 | 18528 Bergen | Tel. 03838/81 12 76 | Fax 81 11 27 | www.stadt-bergen-auf-ruegen.de

■ ZIEL IN DER UMGEBUNG ■

RALSWIEK   [119 D3]

Auf der Freilichtbühne mit 9000 Plätzen finden von Juni bis Anfang September *(Mo–Sa)* die *Störtebeker-Festspiele* statt. Jedes Jahr wird eine neue Geschichte des berühmten Seeräubers erzählt, mit rund 180 Mitwirkenden und einem Feuerwerk über dem Großen Jasmunder Bodden zum Schluss *(Tel. 03838/311 00 | Fax 31 31 92 | www.stoertebeker.de). 8 km*

BINZ

[119 E4] In einem Talkessel, mit der Ostsee auf der einen und dem Schmachter See auf der anderen Seite, liegt Rügens

Klassisch weiß: Haus der Bäderarchitektur

größtes und vornehmstes Ostseebad (5600 Ew.). Die Steilküste tritt hier zurück, Binz öffnet sich weit dem Meer mit einer 4 km langen, von gemütlichen Cafés und schönen Restaurants gesäumten Strandpromenade: Am Abend und an Schlechtwettertagen ist dieser Ort Treffpunkt fast aller Binz-Urlauber. Die nach der Wende erbaute Seebrücke ist mit 370 m die längste auf Rügen.

▨ ESSEN & TRINKEN ▨

BINZER BIERSTUBEN

Wegen der günstigen Preise und der großen Auswahl an Fisch- und Fleischgerichten immer gut besucht. *Tgl.* | *Tel. 038393/26 78* | *Bahnhofstr. 2 (im Hotel Granitz)* | €

RUIANI

Zeitgenössische, leichte Gourmetküche, in der auch regionale Produkte Verwendung finden. Erlesene Weinauswahl. Schöne Terrasse. *Tgl.* | *Strandpromenade 8 (im Grand Hotel Binz)* | *Tel. 038393/150* | €€€

▨ ÜBERNACHTEN ▨

SEEHOTEL BINZ THERME 🔊

Direkt hinter den Dünen und der autofreien Strandpromenade. Aus 300 bis 1 222 m Tiefe sprudelt das bis zu 35° C warme jod- und fluorhaltige Wasser in die Becken der hauseigenen Thermalbadelandschaft. *250 Zi. u. Ap.* | *Tel. 038393/60* | *Fax 615 00* | *www.binz-therme.de* | €€€

▨ FREIZEIT & SPORT ▨

Von der Seebrücke legen Schiffe zu Ausflugsfahrten ab. Das *Erlebnisbad*

MARCO POLO HIGHLIGHTS

Vitamar ist nicht nur an Schlechtwettertagen von Einheimischen wie Gästen gut besucht. *Tennisplätze* gibt es am Klüderberg und eine *Minigolfanlage* am IFA-Ferienpark.

■ AUSKUNFT

KURVERWALTUNG
Heinrich-Heine-Str. 7 | 18609 Ostseebad Binz | Tel. 038393/14 81 48 | Fax 14 81 45 | www.ostseebadbinz.de

■ ZIELE IN DER UMGEBUNG

JAGDSCHLOSS GRANITZ   [119 E4]
Nach gotischem Vorbild ließ Fürst Wilhelm Malte I. von Putbus das kleine Jagdschloss errichten. Im ☀ Turm schraubt sich als frühes Zeugnis des industriellen Zeitalters eine gusseiserne Treppe nach oben (154 Stufen). Bei guter Sicht reicht der Blick bis nach Hiddensee *(Mai bis Sept. tgl. 9–18, Okt.–April Di–So 10–16 Uhr). 3 km*

PRORA   [119 D3]
Seit über sechs Jahrzehnten wartet die Ferienstadt auf ihre Fertigstellung. Die nationalsozialistische Organisation „Kraft durch Freude" begann 1936 das gigantische Seebad für 20 000 Menschen zu errichten; Hitler wollte es zur größten Ferienanlage der Welt machen. Die bis zum Zweiten Weltkrieg entstandenen Bauten zogen nach der Wende das *Eisenbahn- und Technikmuseum (www.etm-ruegen.de)* und weitere Museen. *4 km*

GÖHREN

[119 E4] **Das Ortsbild des Ostseebades (1300 Ew.) mit einer 270 m langen Seebrücke bestimmen weiß gestrichene Villen und Pensionen.** Göhren besitzt den schönsten Kurpark aller Bäder auf der Insel Rügen.

■ SEHENSWERTES

MÖNCHGUTER MUSEEN
Unter diesem Namen sind vier verschiedene Einrichtungen zusammengefasst, u.a. der *Museumshof*, eine Hofanlage aus dem 18. und 19. Jh., sowie am Südstrand der Motorsegler *Luise. Museumshof | Strandstr. | Mitte April–Juni, Sept.–Mitte Okt. tgl. 10–17, Juli/Aug. tgl. 10–18, Mitte Okt.–Mitte April Mo–Fr 10–16 Uhr; Motorsegler Luise | hinter den Dünen am Südstrand | Mitte April bis Juni, Sept.–Mitte Okt. tgl. 10–13, Juli–Aug. tgl. 11–17 Uhr | www.moenchguter-museen-ruegen.de*

>LOW BUDGET

> Im Kranich-Informationszentrum in Groß Mohrdorf (S. 79) wird kein Eintritt verlangt, Spenden sind allerdings immer willkommen.

> Zwei preiswerte Tagesgerichte zwischen 3,90 und 4,70 Euro bietet von Mo–Fr das *Bibo Ergo Sum* Am Markt in Bergen (www.biboergosum.de). In dem nah liegenden *Puk up'n Balken* gibt es das Tagesgericht für nur 4 Euro (www.puk-bergen.de).

> In Stralsund kostet im Schnellrestaurant *Altstädter Mittagstisch* in der Semlower Straße 12 (zwischen Rathaus und Hafen) kein Hauptgericht mehr als 5 Euro. Bis zu 12 Essen stehen auf der täglich wechselnden Karte (Mo–Fr).

Hiddensee ist die größte Insel des Nationalparks Vorpommersche Boddenlandschaft

■ ESSEN & TRINKEN

FRIEDRICHS

Regionale Spezialitäten im nostalgischen Ambiente Berliner Restaurants um 1900. *Tgl. nur abends | Nordperdstr. 2 (im Hotel Hanseatic Rügen) | Tel. 038308/515 | www.hotelhanseatic.de | €–€€€*

■ ÜBERNACHTEN

AKZENT-WALDHOTEL GÖHREN

45 geräumige Zimmer, Wellnessbereich mit Schwimmbad und Sauna sowie Liegewiese und Kinderspielplatz. *Waldstr. 7 | Tel. 038308/505 00 | Fax 253 80 | www.waldhotelgoehren.de | €€*

REGENBOGEN CAMP GÖHREN

Der wohl modernste Campingplatz der deutschen Ostseeküste mit Mietwohnwagen und Tipis mit kompletter Kücheneinrichtung sowie Dusche/WC, Marktplatz mit Restaurant, Supermarkt und 500 m² großem Wellnessbereich. *Tel. 038308/901 20 | Fax 21 23 | www.regenbogencamp.de | €*

■ AUSKUNFT

KURVERWALTUNG

Poststr. 8 | 18586 Ostseebad Göhren | Tel. 038308/667 90 | Fax 66 79 32 | www.goehren-ruegen.de

INSEL HIDDENSEE

[118 A–B 2–3] Einsamkeit und Ruhe bietet die 16,5 km lange und an manchen Stellen nur 150 m breite, Rügen vorgelagerte Insel Hiddensee (1200 Ew.). Sie gehört zum Schönsten, was die Ostseeküste bereithält. Diskotheken und Zeltplätze, Kurpromenaden oder Hotelburgen gibt es nicht; Autos von Privatpersonen sind nicht zugelassen, auf der Insel kann man noch tief durchatmen. Wer clever ist, der bestellt sich über die Insel-Information einen Kremser, lässt sich an einem der Häfen abholen und mit 2 PS über die Insel kutschieren. Zum Dornbusch, einer reizvollen Hügellandschaft nördlich von Kloster, gelangen Sie nur zu Fuß.

Auf dem Dornbusch auf Hiddensee

SEHENSWERTES

GERHART-HAUPTMANN-HAUS

Der Literaturnobelpreisträger erwarb *Haus Seedorn* 1930. Die original eingerichteten Räume geben Einblick in Leben und Schaffen Hauptmanns. *Mai–Okt. tgl. 10–17, März/April, Nov. und Jahreswechsel 11–16 Uhr | www.gerhart-hauptmann.org*

LEUCHTTURM

Vom Hochland des Dornbuschs schickt er sein Blitzfeuer 38 km weit. Wer die 102 Stufen erklimmt, kann die phantastische Aussicht genießen. Bekannt ist der Leuchtturm durch den Wetterbericht im NDR-Fernsehen. *April–Okt. tgl. 10.30–16 Uhr, Winteröffnungszeiten bitte in der Insel-Information erfragen*

ESSEN & TRINKEN ÜBERNACHTEN

HOTEL ENDDORN

22 Zimmer und die Bilderkneipe: Dutzende von Gemälden zieren die Wände. Gemütliche Atmosphäre, schmackhaftes Essen und meist viele Gäste. *Kloster (im Ortsteil Grieben) | Tel. 038300/460 | Fax 680 94 | www.enddorn.de | €–€€*

Inside Tipp

HEIDEROSE

19 rohrgedeckte Häuser mit 38 Apartments, im Hotel 31 Zimmer, Restaurant *(tgl.)* mit großer Terrasse. Mitten in der Dünenheide zwischen Vitte und Neuendorf gelegen. *Tel. 038300/630 | Fax 631 24 | www.heiderose-hiddensee.de | €–€€*

AUSKUNFT

INSEL-INFORMATION

Norderende 162 | 18565 Vitte | Tel. 038300/642 26 | Fax 642 25 | www.seebad-hiddensee.de

PUTBUS

[119 D4] „Weiße Perle auf der grünen Insel" nennt sich Putbus (5000 Ew.), denn die Stadt mit ihren weißen klassizistischen Bauten ist von einer herrlich grünen Wald- und Wiesenlandschaft umgeben. Mittelpunkt von Putbus, der letzten planmäßig erbauten Residenzstadt Europas, ist der riesige, *Circus* genannte Platz, in dessen Mitte ein schlanker Obelisk an die Stadtgründung erinnert.

SEHENSWERTES

PARK

Im englischen Stil angelegter Landschaftspark mit seltenen Gehölzen.

Fürst Wilhelm Malte I. schaut in Richtung des nicht mehr vorhandenen Schlosses. In der Orangerie (1853) Kunstausstellungen.

„RASENDER ROLAND"

Die von einer Dampflok gezogene Schmalspurbahn verbindet ganzjährig von Putbus aus die ostrügischen Seebäder. *Siehe Kapitel „Ausflüge & Touren". Rügensche Bäderbahn | Tel. 03838/81 35 91 | www.ruegensche-baederbahn.de*

■ ESSEN & TRINKEN
NAUTILUS
Kapitän Nemo von Jules Verne stand bei dem phantasiereich gestalteten Erlebnisrestaurant Pate. *Tgl. | Dorfstr. 17 (im Ortsteil Neukamp) | Tel. 038301/830 | €–€€€*

■ ÜBERNACHTEN
WASSERFERIENWELT LAUTERBACH

Insider Tipp

Direkt im Yachthafen schwimmen 12 Ferienhäuser mit eigenem Bootsanleger (49 m² und 71 m² für bis zu 6 Pers.). *Am Yachthafen 1 | Tel. 038301/80 90 | Fax 809 10 | www.im-jaich.de | €€€*

■ AM ABEND
1821 hob sich zum ersten Mal der Vorhang im fürstlichen *Theater*. Der Zuschauerraum in dem klassizistischen Bauwerk blieb fast unverändert. *Alleestr. 9 a | Tel. 038301/808 30 | www.theater-putbus.de*

■ AUSKUNFT
PUTBUS-INFORMATION
Alleestr. 35 (in der Orangerie) | 18581 Putbus | Tel. 038301/431 | Fax 609 63 | www.putbus.de

SASSNITZ

[119 E2–3] Der erst 1957 Stadt gewordene Ort (11 600 Ew.) bildet das Tor zu Skandinavien und ist Ausgangspunkt für Wanderungen in den Nationalpark Jasmund mit den Kreidefelsen. In dem durch die 1510 m lange Steinmole geschützten Stadthafen liegen Schiffe, die regelmäßig zu Ausflugsfahrten entlang der Kreideküste bis zum Königsstuhl auslaufen.

■ SEHENSWERTES
U-BOOT „H.M.S. OTUS"
Das 1962 erbaute britische U-Boot war im Falkland-Krieg und am Persischen Golf im Einsatz. Seit 2002 liegt es im Stadthafen zur Besichtigung. *April–Okt. tgl. 10–19, Nov. bis März tgl. 10–16 Uhr | www.hms-otus.de*

■ ESSEN & TRINKEN
GASTMAHL DES MEERES
In der gemütlichen maritimen Atmosphäre munden die kulinarischen Köstlichkeiten aus Neptuns Reich. *Tgl. | Strandpromenade 2 | Tel. 038392/51 70 | www.gastmahl-des-meeres-ruegen.de | €€–€€€*

■ ÜBERNACHTEN
WATERKANT ❀ ⌇
Hotel garni mit persönlicher Atmosphäre. Toller Ausblick. *16 Zi. | Walterstr. 3 | Tel. 038392/509 41 | Fax 508 44 | www.hotel-waterkant.de | €*

■ AUSKUNFT
TOURIST-SERVICE
Bahnhofstr./Ecke Gartenstr. | Tel. 038392/64 90 | Fax 649 20 | www.in sassnitz.de

■ ZIELE IN DER UMGEBUNG ■

DINOSAURIERLAND RÜGEN [119 D2]

Bis zu 70 t schwer und 10 m groß war der Brachiosaurier, der vor mehr als 65 Mio. Jahren gelebt hat. Zu sehen ist er mit weiteren mehr als hundert originalgetreuen Nachbildungen frühzeitlicher Erdbewohner im Dinosaurierland in Bobbin. *Mai–Okt. tgl. 10–18 Uhr | www.dinosaurierland-ruegen.de. 14 km von Sassnitz*

KAP ARKONA ★ [118 D1]

An die slawische Ranenburg erinnert noch ein beachtlicher Wall. Den kleinen, viereckigen Leuchtturm mit mehreren Ausstellungen hat Karl Friedrich Schinkel erbaut. Seit 1902 schickt der daneben stehende, runde Turm bei Dunkelheit Lichtblitze hinaus aufs Meer. Von beiden ☀ Leuchttürmen und vom nahen ehemaligen Marinepeilturm haben Sie einen herrlichen Rundblick. Im *Rügenhof Arkona* stehen rügentypische Produkte zum Kauf *(alle Einrichtungen Jan.–März tgl. 10–16, April/Mai, Sept./Okt. 10–18, Juni 9.30–20, Juli/Aug. 9–21, Nov./Dez. 11–15 Uhr | www.kap-arkona.de. Das Auto muss auf dem Parkplatz vor Putgarten bleiben, von dort sind es noch 2,5 km zu Fuß oder mit der Arkona-Bahn. 43 km von Sassnitz).*

KREIDEFELSEN KÖNIGSSTUHL ★ [119 E2]

Ein Besuch des 118 m hohen Kreidefelsens ist ein Muss. Im Sommer strömen Tausende zur ☀ Aussichtsplattform. Der Blick vom Königsstuhl ist nur mit einer Kombikarte von 6 Euro (!) möglich. Inbegriffen ist der Besuch des *Nationalparkzent-*

Die Kreideküste mit bis zu 118 m hohen Klippen ist das Wahrzeichen der Insel Rügen

rums Königsstuhl (Ostern–Okt. tgl. 9–19, Nov.–Ostern tgl. 10–17 Uhr | *www.koenigsstuhl.com)* mit einer spannenden Naturerlebnisausstellung und Multivisionsschau. *Die Anfahrt mit dem Pkw ist nicht gestattet. Vom Parkplatz Hagen, 6 km von Sassnitz, regelmäßiger Bus-Pendelverkehr.*

VITT [118 C1]

Rügens romantischster Ort! In einem tiefen Einschnitt des Hochufers drängen sich dreizehn Häuser und eine Gaststätte. Achteckige Kapelle auf dem Steilufer von 1816 *(für PKW gesperrt, vom Parkplatz Putgarten, 43 km von Sassnitz, verkehren Parkbahn und Kutschen).*

SELLIN

[119 E4] **Eine vor rund hundert Jahren angelegte Lindenallee mit kleinen Hotels und hübschen Pensionen im Stil der Bäderarchitektur führt zur** ⚓ **Steilküste des Ostseebades Sellin (2700 Ew.).** Von dort bietet sich ein herrlicher Blick auf den Strand und die 394 m lange Seebrücke. Neben der steilen Treppe mit 87 Stufen gibt es einen Aufzug zur Seebrücke und zum Strand.

▮ SEHENSWERTES ▮

TAUCHGONDEL

Das Leben in der Ostsee hautnah erleben. *An der Seebrücke | Mai, Sept., Okt. tgl. 10–18, Juni–Aug. 10–21, Nov.–April Mi–So 11–16 Uhr | www.sellin.tauchgondel.de*

▮ ESSEN & TRINKEN ▮

FISCHGASTSTÄTTE PETRI

Fangfrisch gebratene Ostseeflundern sowie Ostseeheringe mit kostenlo-

sem Nachschlag so viel Sie mögen. *Tgl. | Ostbahnstr. 5 | Tel. 038303/ 8910 | www.pension-petri.de | €*

SEEBRÜCKE ⭐

Ob im lichtdurchfluteten Palmengarten oder in dem im Stil der 1920er-Jahre eingerichteten Kaiserpavillon, das Speisen wird hier zum Erlebnis. *Tgl. | Tel. 038303/92 96 00 | www. seebrueckesellin.de | €€ – €€€*

▮ ÜBERNACHTEN ▮

PENSION TATJANA

Privat geführtes Haus mit 20 individuell gestalteten Zimmern. *Wilhelmstr. 28 | Tel. 038303/14 50 | Fax 856 93 | www.pension-tatjana.de | €*

▮ FREIZEIT & SPORT ▮

Badespaß bietet das *Inselparadies (www.inselparadies.de)* mit einer 100 m langen Rutsche im Seepark Sellin. Am Südstrand gibt es eine 127 m lange Wasserrutsche. Im *Seepark Sellin* Minigolfanlage (2700 m^2).

▮ AUSKUNFT ▮

KURVERWALTUNG

Warmbadstr. 4 | 18586 Ostseebad Sellin | Tel. 038303/16 11 | Fax 872 05 | www.ostseebad-sellin.de

▮ ZIEL IN DER UMGEBUNG ▮

BAABE [119 E4]

Das von Laub- und Nadelwald umgebene Baabe (800 Ew.) ist ideal für einen ruhigen Seeurlaub. Eine breite, von kleinen Hotels und Pensionen gesäumte Allee führt zum Strand. Am Selliner See am alten Ortskern setzt ==ein noch handgerudertes kleines== ==Fährboot== in das romantische Moritzdorf über. *3 km*

Ein Meisterwerk norddeutscher Backsteingotik: Stralsunds Marienkirche

STRALSUND

 KARTE IM HINTEREN UMSCHLAG

[117 E2–3] **Die Stadt (60 600 Ew.) ist voller bedeutender Bauwerke und Kunstschätze, die vom Reichtum Stralsunds zur Hansezeit künden.** Hoch ragen die Türme der drei Pfarrkirchen in den Himmel, und jahrhundertealte Bürgerhäuser schmücken die Straßen und Plätze. Das Herz Stralsunds, deren Altstadt von der Unesco in die Welterbeliste aufgenommen wurde, bildet der Alte Markt mit einem besonders schönen Rathaus.

Stralsund ist von drei Seiten (Strelasund, Knieperteich und Frankenteich) von Wasser umgeben. Seit 1936 verbinden der 2480 m lange Rügendamm und seit 2007 die Rügenbrücke Deutschlands größte Insel mit der Hansestadt.

▉ SEHENSWERTES ▉

DEUTSCHES MEERESMUSEUM

Eines der zehn meistbesuchten Museen Deutschlands. Zu den Attraktionen gehört das neue 350 000 Liter fassende Schildkrötenaquarium. **Fütterung der Schildkrötendamen** Mo, Mi und Fr um 13.15 Uhr. Anschließend erhalten im selben Becken die Haie ihr Futter. *Juni–Sept. tgl. 10 bis 18, Okt.–Mai tgl. 10–17 Uhr | Katharinenberg 14–17 | www.meeresmuseum.de*

HEILGEISTHOSPITAL

Das architektonische Kleinod mit seinen farbigen Häuschen und der spätgotischen Heilgeistkirche wurde liebevoll restauriert. *Wasser-/Klosterstr.*

MARIENKIRCHE

Gotische Backsteinbasilika mit einem der größten Hauptschiffe (99 m lang und 32,5 m hoch) an der Ostseeküste. Der phantastische Blick vom ☆ Turm lohnt den mühsamen Aufstieg unbedingt.

NAUTINEUM DÄNHOLM

Deutschlands größter Eisbrecher „Stephan Jantzen" ist zu sehen und

Insider Tipp

als Attraktion das 86 t schwere, 14 m lange und 7 m breite Unterwasserlabor „Helgoland" (1968 in Lübeck gebaut), in dem Wissenschaftler in den 1970er-Jahren wochenlang lebten und arbeiteten. *Mai, Okt. tgl. 10–17, Juni–Sept. tgl. 10–18 Uhr*

NIKOLAIKIRCHE
Die gigantische Backsteinbasilika am Alten Markt birgt reiche Kunstschätze. Herausragend: die astronomische Uhr von 1394.

OZEANEUM
Faszinierend sind die Einblicke in die Unterwasserwelt der nördlichen Meere: Rund 7000 Fische und andere Tiere tummeln sich in 39 Aquarien. Im gewaltigen Schwarmfischbecken ziehen Tausende Heringe und Makrelen ihre Kreise. *Hafenstr. 1 | tgl. 9.30–19 (Juni–Sept. 9.30–21 Uhr) | www.ozeaneum.de*

ESSEN & TRINKEN
TAFELFREUDEN IM SOMMERHAUS
Der Name wird der Küche gerecht: Hier gibt's frisch und pfiffig zubereitete Speisen. *Mo geschl. | Jungfernstieg 5 a | Tel. 03831/29 92 60 | €€€*

ÜBERNACHTEN
STEIGENBERGER HOTEL BALTIC
135 stilvoll eingerichtete Zimmer, großzügiger Wellnessbereich. *Frankendamm 22 | Tel. 03831/20 40 | Fax 20 49 99 | www.stralsund.steigenberger.de | €€€*

FREIZEIT & SPORT
HANSEDOM
Ein in seiner Vielfalt einzigartiges, 13 000 m^2 großes Wasser-, Saunen-

und Sportzentrum mit Badevergnügen im Innen- und Außenbereich, Wellenbad unter Palmen, Strand mit Strandkörben und maurischem Badehaus, Fitnessclub, Tennisplätzen, Squashcourts. Bowling- und Kegelbahnen. *Grünhofer Bogen 18–20 | tgl. | www.hansedom.de*

Hafenrundfahrten und Fahrten nach Hiddensee mit der Weißen Flotte *(April–Okt. | www.weisse-flotte.com).*

AM ABEND
Oper, Operette, Schauspiel, Ballett und klassische Konzerte im *Theater Vorpommern (Olof-Palme-Platz 6 | Tel. 03831/264 60 | www.theater-vorpommern.de).*

AUSKUNFT
STRALSUND-INFORMATION
Alter Markt 9 (neben dem Rathaus) | 18439 Stralsund | Tel. 03831/246 90 | Fax 24 69 49 | www.stralsundtourismus.de

ZIEL IN DER UMGEBUNG
KRANICHINFORMATIONS-ZENTRUM [117 D2]
40 000 Kraniche rasten im Frühjahr und Herbst nördlich von Stralsund. In Groß Mohrdorf befindet sich das Kranich-Informationszentrum mit interessanten Präparaten verschiedener Großvögel, Schautafeln und Diashow. Hier erfahren Sie auch, wo die Aussichtsplattformen stehen, von denen Sie die Kraniche ungestört beobachten können *(Feb. Mo–Fr 10–16, März–Mai tgl. 10–16, Juni/Juli Mo–Sa 10–16.30, Aug. tgl. 10–16.30, Sept./Okt. tgl. 9.30–17.30, Nov. tgl. 10–16.30 Uhr | Tel. 038323/805 40 | www.kraniche.de). 15 km*

> ## DIE „BADEWANNE" DER BERLINER

Nostalgische Seebäder, verträumte Fischerdörfer und monumentale Backsteinkirchen

> **Die 445 km² große Insel Usedom bietet alles, was zu einer schönen Ferieninsel gehört: breite Strände mit weißem Sand, Seebäder mit Kurpromenaden und -konzerten, romantische Fischerdörfer mit rohrgedeckten Häuschen. Deutschlands zweitgrößte Insel ist wieder die „Badewanne" der Berliner geworden – wie in den 1920er- und 1930er-Jahren.**

Eine 10 km lange Strandpromenade verbindet die Seebäder Bansin, Heringsdorf und Ahlbeck, die sich in Erinnerung an ihre Geschichte werbeträchtig „Kaiserbäder" nennen. Neben Zinnowitz im Nordteil Usedoms sind diese Orte Hauptanziehungspunkte. International am bekanntesten ist jedoch Peenemünde, wo die Nationalsozialisten die damals modernste Raketenforschungsanlage der Welt errichteten. Am Ende des Zweiten Weltkriegs fiel ein Teil Usedoms mit der Hafenstadt Swinemünde an Polen.

Bild: Marktplatz in Greifswald

USEDOM UND GREIFSWALD

Wer sich Usedom vor der Anreise aus höherer Perspektive anschauen möchte, sollte in Wolgast auf den Turm der Petrikirche steigen. Der prachtvolle Rundblick reicht bis zur Hanse- und Universitätsstadt Greifswald, deren Silhouette so erhalten blieb, wie sie Caspar David Friedrich einst malte.

Über die Insel Usedom informiert Sie auch der MARCO POLO Band „Usedom".

AHLBECK

[121 F3] Mit seinen vielen, im Stil der Bäderarchitektur gebauten Häusern und seiner Strandpromenade, die sich bis nach Bansin erstreckt, ist Ahlbeck (3500 Ew.) ein attraktives Ferienziel.

■ SEHENSWERTES ■

SEEBRÜCKE ⭐ ☀

Sie ist das Wahrzeichen von Ahlbeck und mittlerweile der gesamten Insel

![Da laust sich doch der Affe … Badevergnügen wetterunabhängig bietet die Ostseetherme](caption)

Usedom. Die Holzkonstruktion von 1898 mit den charakteristischen vier Türmchen erhielt ihr heutiges Aussehen um 1930 und ist das einzige Bauwerk dieser Art, das an der Ostseeküste Mecklenburg-Vorpommerns im Original erhalten blieb.

▰ ESSEN & TRINKEN

KAISERBLICK
Usedoms Spitzenkoch Hark Pezely erfreut die Gäste mit seinen kulinarischen Kreationen. *Tgl. | Dünenstr. 47 (im Hotel Ahlbecker Hof) | Tel. 038378/620 | €*

SEEBRÜCKE
Über den Ostseewellen speisen. Von Mai bis Sept. wird tgl. ab 20 Uhr zum Tanz aufgespielt. *Tgl. | Tel. 038378/ 283 20 | www.seebrueckeahlbeck.de | €–€€*

Insider Tipp

▰ ÜBERNACHTEN

ROMANTIK SEEHOTEL AHLBECKER HOF
Nostalgische Gemütlichkeit und luxuriöser Komfort unserer Tage: In Usedoms Nobelhotel stimmt vom Service über die Ausstattung und die Gastronomie bis zum herrlichen Wellnessbereich einfach alles. *70 Zi. und Suiten | Dünenstr. 47 | Tel. 038378/620 | Fax 621 00 | www.ahlbecker-hof.de | €€€*

▰ FREIZEIT & SPORT

Von der Seebrücke fahren Schiffe mehrmals täglich in die polnischen Badeorte Swinemünde und Misdroy *(Tel. 038378/477 90 | www.adlerschiffe.de)*. Badespaß vielfältigster Art bietet das täglich geöffnete Erlebnisbad ★ *Ostseetherme* an der B 111. Sechs verschiedene Schwimmbecken, Grottenrutsche, römisches Dampfbad, Wasserfälle und vieles mehr unter einer Glaskuppel *(www.ostseetherme-kaiserbaeder.de)*.

▰ AUSKUNFT

KURVERWALTUNG
Dünenstr. 45 | 17419 Heringsdorf, OT Ahlbeck | Tel. 038378/244 14 | Fax 244 18 | www.drei-kaiserbaeder.de

❯ www.marcopolo.de/ostseekueste-mv

USEDOM/GREIFSWALD

■ ZIELE IN DER UMGEBUNG ■

ANKLAM [120 C4–5]
Die einstige Hansestadt (15 800 Ew.) ist ein gutes Ausflugsziel für einen Schlechtwettertag. Der weltbekannte Flugpionier Otto Lilienthal kam 1848 hier zur Welt. Ihm ist das *Museum* gewidmet *(Juni–Sept. tgl. 10–17, Mai, Okt. Di–Fr 10–17, Sa/So 13–17, Nov.–April Mi–Fr 11–15.30, So 13–15.30 Uhr | Ellbogenstr. 1a | www.lilienthal-museum.de).* Im 32 m hohen Steintor zeigt das *Museum Anklam* Ausstellungen zur Regional- und Stadtgeschichte *(Mai–Sept. Di–Fr 10–17, Sa/So 13–17, Okt.–April Mi–Fr 11–15.30, So 13–15.30 Uhr | www.museum-im-steintor.de). 40 km*

**ŚWINOUJŚCIE/
SWINEMÜNDE** [121 F4]
Der ehemalige Hauptort (45 000 Ew.) der Insel Usedom gehört seit 1945 zu Polen, ist Hafenstadt, Seebad und Kurort zugleich. Seit 2008 fährt die Usedomer Bäderbahn über die Grenze bis ins Zentrum der Stadt. *2 km*

USEDOM [121 D4]
Ein liebenswertes Städtchen (2000 Ew.) mit der backsteinernen Marien-kirche am Markt. Bis heute wird gerätselt, ob die Insel der Stadt oder die Stadt der Insel den Namen gab. Auf dem ❉ *Schlossberg* erinnert ein Kreuz an die Predigt des Bischofs Otto von Bamberg zur Christianisierung 1128. Gute Küche im Hotelrestaurant *Norddeutscher Hof* am Markt *(Tel. 038372/702 66 | €). 23 km*

BANSIN

[121 F3] **Als „gemütliches Familienbad" bezeichnet sich das kleine Ostseebad selbst, das am Rande eines Waldes und unweit stiller Binnenseen liegt.** Das Gesicht des Ortes (2400 Ew.) prägen heute kleine, meist zu Beginn des 20. Jhs. erbaute Hotels und Pensionen.

■ SEHENSWERTES ■

GEDENKATELIER ROLF WERNER
40 Jahre, bis zu seinem Tod 1989, wirkte der Maler Rolf Werner auf Usedom. Sein Wohnhaus und Atelier sind heute ein Museum. *Führungen tgl. 11, Di, Do, Sa/So auch 14.30 und 18 Uhr | Seestr. 60*

HANS-WERNER-RICHTER HAUS
Der 1908 bei Bansin geborene Schriftsteller wird im alten, ausge-

MARCO POLO HIGHLIGHTS

★ **Pommersches Landesmuseum**
Alte Gemälde neu präsentiert in Greifswald, darunter auch Bilder von Caspar David Friedrich (Seite 86)

★ **Seebrücke**
Einzigartiges historisches Bauwerk Ahlbecks (Seite 81)

★ **Ostseetherme**
Nicht nur bei Schlechtwetter attraktiv: Ahlbeck bietet abwechslungsreichen Badespaß für Jung und Alt (Seite 82)

★ **Heringsdorf**
Pensionen aus der Kaiserzeit und eine 508 m lange Seebrücke (Seite 88)

dienten Feuerwehrgebäude mit der Ausstellung von Teilen seines Nachlasses gewürdigt. Richter war Initiator der „Gruppe 47", der bedeutendsten Schriftstellervereinigung der deutschen Nachkriegsliteratur. *Di–So 12–16 Uhr | Waldstr./Ecke Bergstr.*

TROPENHAUS
Rund 150 exotische Tiere von Leguanen über Schlangen bis zu Affen *April–Okt. tgl. 10–18, Nov.–März 10 bis 16 Uhr | Goethestr./Ecke Kirchstr. | www.tropenhaus-bansin.de*

ESSEN & TRINKEN
FISCHKOPP
In der offenen Küche können die Gäste beobachten, wie die schmackhaften Fischgerichte zubereitet wer-

Eine Seltenheit: die Mühle von Benz (1830)

den. *März–Okt. tgl., Mitte Nov.–Dez. geschl., Jan./Feb., erste Nov.-Hälfte Mo/Di geschl. | Seestr. 66 | Tel. 038378/806 23 | €–€€*

ÜBERNACHTEN
ROMANTIK-STRANDHOTEL ATLANTIC
Charmantes Haus in Toplage mit Schwimmbad und zwei Kegelbahnen. *26 Zi. | Strandpromenade 18 | Tel. 038378/605 | Fax 606 00 | www.strandhotel-atlantic.de | €€€*

FREIZEIT & SPORT
Von der Seebrücke fahren Schiffe mehrmals täglich nach Heringsdorf, Ahlbeck sowie nach Swinemünde und Misdroy *(Tel. 038378/477 90 | www.adler-schiffe.de)*. Tennisplätze am Buchenpark. Ruder- und Tretbootvermietung am Strand und am Großen Krebssee.

AM ABEND
ATLANTIC PUB
In der Seemannskneipe klönen Einheimische wie Gäste gern bei Bier und Korn. *Tgl. abends | Strandpromenade 18 (Romantikhotel Atlantic)*

AUSKUNFT
KURVERWALTUNG
Haus des Gastes (an der Strandpromenade) | 17429 Heringsdorf, OT Bansin | Tel. 038378/470 50 | Fax 47 05 15 | www.drei-kaiserbaeder.de

ZIEL IN DER UMGEBUNG
BENZ [121 E3]
Das hübsche Dorf schmückt sich mit rohrgedeckten Häuschen und einer Holländerwindmühle. Die Kirche gehört zu den besonders schönen. In einer alten, modernisierten Scheune

etablierte sich das *Kunst-Kabinett (April–Okt. Mi–So 10–18, Nov. bis März Fr–So 10–18 Uhr | Kirchstr. 14 a | www.kunstkabinett.de)* mit wechselnden Ausstellungen. Auf dem Friedhof fanden 1984 Otto Niemeyer-Holstein, der Altmeister der norddeutschen Landschaftsmalerei, und 1999 der Schauspieler Rolf Ludwig, in der DDR ein Publikumsliebling, ihre letzte Ruhestätte. *5 km*

GREIFSWALD

 KARTE IM HINTEREN UMSCHLAG

[120 A2] Wie zu Caspar David Friedrichs Zeiten bestimmen die Türme der drei gotischen Backsteinkirchen die Stadtsilhouette: der „lange Nikolaus" (Dom St. Nikolaus), die „dicke Marie" (St. Marien) und der „kleine Jakob" (St. Jakobi). Die Stadtgeschichte beginnt mit der Gründung des Klosters Eldena 1199, dessen Ruine Greifswalds berühmtester Sohn Caspar David Friedrich zu vielen Bildern inspirierte. Seit 1456 steht in Greifswald (54 000 Ew.) Norddeutschlands zweitälteste Universität.

■ SEHENSWERTES ■

CASPAR-DAVID-FRIEDRICH-ZENTRUM
Multimediale Einrichtung zu Leben und Werk des 1774 in Greifswald geborenen bedeutendsten Malers der deutschen Romantik. *Di–So 11–17 Uhr | Lange Str. 57 (Eingang Turmgasse) | www.caspar-david-friedrich-gesellschaft.de*

ELDENA
Gegründet wurde das Kloster Hilda, später Eldena genannt, 1199 von Zis-

terziensern. Berühmtheit erlangte die Ruine durch Gemälde von Caspar David Friedrich. Die Stadtteile Eldena und Wieck verbindet eine nach holländischem Vorbild erbaute Klappbrücke über den Ryck.

KIRCHEN
Die drei bedeutenden Backsteinkirchen der Stadt wurden erstmals 1280 genannt. Sie stehen in der historischen Altstadt dicht beieinander. Im *Dom St. Nikolai* können Sie ein Porträt der ersten Professoren der Greifswalder Universität betrachten. In den östlichen Kapellen des südlichen Seitenschiffes befinden sich Wandmalereien aus dem Mittelalter.

Vom mächtigen ☀ *Westturm* hat man einen sehr guten Ausblick ins Land. In der *Marienkirche* sind über 300 Grabplatten zu sehen. Schmuckstücke der *Jakobikirche* sind das mehrfach abgestufte Turmportal und das Kreuzrippengewölbe (14. Jh.).

MARKTPLATZ

Der von Bürgerhäusern aus Gotik, Renaissance und Barock umgebene alte Markt ist die gute Stube der Stadt. Glanzpunkt bildet das *Giebelhaus Nr. 11*, das mit der *Nr. 13* zu den hervorragenden Beispielen gotischer Backsteinarchitektur zählt. Das *Rathaus* an der Westseite war einst Kauf- und Handelshaus. In neogotischen Formen präsentiert sich das Haus der *Ratsapotheke*.

POMMERSCHES LANDESMUSEUM ⭐

Das im Sommer 2005 fertig gestellte Museum präsentiert die Landesgeschichte von der Eiszeit bis zur Gegenwart. Von Caspar David Friedrich hängen acht Arbeiten in der Gemäldegalerie. Interessant ist das akustische Führungssystem: Über Kopfhörer erfahren Sie Wissenswertes zu einzelnen Epochen und Ojekten, die Sie nach Belieben auswählen. *Mai–Okt. Di–So 10–18, Nov.–April 10–17 Uhr | Theodor-Pyl-Str. 1–2 | www.pommersches-landesmuseum.de*

UNIVERSITÄT

Der Mathematikprofessor Andreas Meyer verstand auch etwas von Architektur: Von ihm stammt der Entwurf für das barocke Hauptgebäude der heutigen Vorpommerschen Landesuniversität. Rund 250 Jahre ist es alt. Um das *Rubenow-Denkmal* auf dem Platz vor der Universität sind vier Professoren (sitzend) und vier Pommernfürsten (stehend) dargestellt, die sich um die Universität verdient gemacht haben. *Domstr.*

▶LOW BUDGET

▸ Ein Stück Kuchen und Kaffee soviel man möchte kosten im *Restaurant 1901* (an der Strandpromenade, direkt an der Grenze von Ahlbeck-Heringsdorf) nur 2,95 Euro.

▸ Im *Café Caspar* in Greifswald (Fischstr. 11 | *www.cafecaspar.de*) wird Mo–Fr ein wechselndes Tagesgericht zu 5,50 Euro serviert.

▸ Die Naturparkverwaltung Insel Usedom organisiert von Mai bis Anfang Oktober verschiedene *Rad- und Fußwanderungen* (*www.naturpark-insel-usedom.de*). Die Teilnahme ist kostenlos!

■ ESSEN & TRINKEN

BRAUGASTHAUS ZUM ALTEN FRITZ

Uriges Ambiente im ältesten erhaltenen Giebelhaus der Stadt. Zur rustikalen Küche schmeckt die naturtrübe Bierspezialität „Zwickelfritz". *Tgl. | Am Markt 13 | Tel. 03834/578 30 | www.alter-fritz.de | €€*

LE CROY

In der offenen Küche ist die Kreativität des Küchenchefs Stefan Frank zu bewundern, der zu den Besten des Bundeslandes gehört. *Mo und Feb. geschl. | Rakower Str. 9 (im Pommerschen Landesmuseum) | Tel. 03834/ 77 58 45 | www.le-croy.de | mittags €, abends €€€*

USEDOM/GREIFSWALD

◼ EINKAUFEN

Schuhhagen und *Lange Straße* bilden die Einkaufsmeile. Die *Dompassage (Lange Str.)* vereint Geschäfte, Bowlinganlage und Kinos.

VCH HOTEL GREIFSWALD

Großzügige Anlage mit Boardingapartments. *170 Zi. | Wilhelm-Holtz-Str. 5–8 | Tel. 03834/51 60 | Fax 51 65 16 | www.vchhotel-greifswald.de | €*

Pommersches Landesmuseum: vom Franziskanerkloster zum Museum des 21. Jhs.

◼ ÜBERNACHTEN

KRONPRINZ 🕏

Ideale Citylage, dennoch ruhig und ein angenehmer familiärer Service. *31 Zi. | Lange Str. 22 | Tel. 03834/79 00 | Fax 79 01 11 | www.hotelkronprinz.de | €€*

MERCURE HOTEL AM GORZBERG 🕏

Weg vom touristischen Trubel am Stadtrand gelegen bietet das haus den Komfort eines Vier-Sterne-Hotels. *113 Zi. | Am Gorzberg | Tel. 03834/54 40 | Fax 54 44 44 | www.mercure.com | €€*

◼ FREIZEIT & SPORT

Das Freizeitbad bietet u. a. eine 40 m lange Rutsche *(Pappelallee 10).*

◼ AM ABEND

Das Soziokulturelle Zentrum St. Spiritus *(Lange Str. 49 | www.kulturzentrum.greifswald.de)* lädt zu Ausstellungen und Konzerten. Im *Studentenklub Kiste (Makarenkostr. 49)* gibt es u. a. Disko und Kino. Das *Theater Vorpommern* bietet auch Oper, Operette, Konzerte *(Anklamer Str. | Tel. 03834/572 22 24 | www.theater-vorpommern.de).*

Insider Tipp

HERINGSDORF

■ AUSKUNFT

TOURISTINFORMATION
*Am Markt (im Rathaus) | 17489
Greifswald | Tel. 03834/52 13 80 |
Fax 52 13 82 | www.greifswald.info*

HERINGSDORF

[121 F3] ★ Vieles erinnert noch an jene
Zeit, als Heringsdorf (3700 Ew.) das Seebad der Aristokratie und Hochfinanz war.
So weilte Kaiser Wilhelm II. mehrfach in dem schönen Seebad. Aus
dieser Zeit stammen zahlreiche der
prachtvollen Hotels, Pensionen und
Villen im eleganten Stil der Bäderarchitektur.

■ SEHENSWERTES

MUSCHELMUSEUM
Hier sehen Sie Muscheln, Schnecken
und Korallen in großer Vielfalt. *Tgl.
10–18 Uhr | Seebrücke (im Landge-
bäude rechts)*

MUSEUM VILLA IRMGARD
Museum für Literatur- und Regional-
geschichte. Informationen gibt es vor
allem über den großen russischen
Dichter Maxim Gorki, der 1922 in
dem Haus wohnte. Außerdem interessante Wechselausstellungen. *Di–So
10–16 Uhr | Maxim-Gorki-Str. 13*

SEEBRÜCKE
Mit 508 m die längste bewirtschaf-
tete Seebrücke Kontinentaleuropas.
Kino, Café, Restaurant, Fitnesscen-
ter, Ferienwohnungen, Geschäfte und
ein Restaurant im Brückenkopf machen sie zur schönsten Usedoms. Das
war sie schon einmal, nämlich bis
1958, als Brandstiftung die Brücke
vernichtete.

■ ESSEN & TRINKEN

USEDOMER BRAUHAUS
Selbst gebraute würzige Biere und
deftige Speisen. *Tgl. | Seestr. 41 | Tel.
038378/614 20 | €*

■ ÜBERNACHTEN

MARITIM HOTEL KAISERHOF 🔊
Direkt an der Strandpromenade unweit der Seebrücke. Wellnessbereich
mit Schwimmbad. *143 Zi. | Kulm-
str. 33 (Strandpromenade) | Tel.
038378/650 | Fax 658 00 | www.ma
ritim.de | €€€*

■ FREIZEIT & SPORT

Von der Seebrücke legen Schiffe
nach Ahlbeck, Swinemünde und
Misdroy ab *(Tel. 038378/477 90 |
www.adler-schiffe.de).* Wie im Mär-
chen aus Tausendundeiner Nacht
fühlt sich der Gast im *Shehrazade,* **Insider Tipp**
(Seestr. 41 | in der Ostseeresidenz).
Auf zwei Ebenen sorgen Schwimmbad, computergesteuerte Fitnessge-
räte und Wellnessbereich für Entspannung und Wohlergehen.

■ AM ABEND

Über 200 Veranstaltungen gibt es von
Mitte Mai bis Ende August im roten,
250 Zuschauer fassenden *Theater-
zelt.* Das Programm reicht von
Schauspiel über Artistik, von Jazz bis
zum Puppenspiel *(Strandpromenade).* Die *Spielbank* im Usedom-Fo-
rum bietet 80 Glücksspielautomaten,
American Roulette und Black Jack.

■ AUSKUNFT

KURVERWALTUNG
*Kulmstr. 33 | 17424 Seebad Herings-
dorf | Tel. 038378/24 51 | Fax 24 54
| www.drei-kaiserbaeder.de*

WOLGAST

[120 C2] Die Stadt (13700 Ew.) am Pee-nestrom bildet das nördliche Eingangstor zur Insel Usedom. Die meisten Inselbesucher nutzen Schlechtwettertage, um einmal nach Wolgast zu fahren, das eine reiche Geschichte hat. Aus seiner Glanzzeit blieben einige barocke Kaufmannshäuser mit großen Lagerböden in der Burgstraße erhalten. Das Rathaus bekam vor 250 Jahren eine Barockfassade, die den mittelalterlichen Kern verdeckt, und eine schmückende Dachlaterne.

■ SEHENSWERTES

PETRIKIRCHE

Monumentaler, 600 Jahre alter Backsteinbau. Im Inneren der Kirche ist ein aus 24 Bildern bestehender Totentanzzyklus zu besichtigen. In der Kapelle steht der Prunksarkophag von Herzog Philipp Julius, mit dessen Tod 1625 das Geschlecht der Pommernherzöge ausstarb. Herrlicher Blick vom  Turm.

RUNGE-HAUS

In seinem Geburtshaus ist die Vielseitigkeit des großen Malers der Romantik, Philipp Otto Runge (1777–1810), gut zu erkennen. *Juni–Aug. Di–Fr 10–18, Sa, So 10–16, Sept. bis Mai Di–Fr 10–17, Sa 10–14 Uhr | Kronwieckstr. 45 | www.museum.wolgast.de*

STADTMUSEUM

„Kaffeemühle" nennen die Einheimischen ihr Museum, weil das 300 Jahre alte, auf einem fast quadratischen Grundriss erbaute Fachwerkhaus in seiner Form an das Küchen-

Sehenswert: die Peenebrücke in Wolgast

gerät erinnert. Interessant anzuschauen sind Schusterwerkstatt, Teppichknüpfstube und Apotheke. *Öffnungszeiten wie Runge-Haus | Rathausplatz 6*

■ ESSEN & TRINKEN

ALTER SPEICHER

Maritimes Restaurant mit stets frischem Fisch. *Tgl. | Hafenstr. 4 | Tel. 03836/20 59 94 | €*

■ ÜBERNACHTEN

KIRSCHSTEIN 🔊

Kleine, gemütliche Hotelpension. *17 Zi. | Schützenstr. 25 | Tel. 03836/272 20 | Fax 27 22 50 | www.hotel-kirschstein.de | €*

■ AUSKUNFT

WOLGAST-INFORMATION

Rathausplatz 10 | 17438 Wolgast | Tel. 03836/60 01 15 | Fax 60 01 18 | www.wolgast.de

ZINNOWITZ

[121 D2] **Laub- und Kiefernwälder umgeben Zinnowitz (3800 Ew.), das größte Seebad auf der nordwestlichen Hälfte Usedoms.** Einen Anziehungspunkt bildet die Strandpromenade mit der 315 m langen Seebrücke. Der historische Ortskern, der an das einstige Fischerdorf erinnert, liegt am Achterwasser. Der Badebetrieb begann in Zinnowitz Mitte des 19. Jhs. Und so wurden die meisten Hotels um die folgende Jahrhundertwende im Stil der Bäderarchitektur erbaut.

■ SEHENSWERTES ■■■■■

TAUCHGONDEL

Haie und Seeschlangen schwimmen auf Sie zu, allerdings nur in einem 3-D-Film. *Am Ende der Seebrücke | Juni–Aug. tgl. 10–21.30, Sept./ Okt., Mai 10–18, Nov.–April Mi bis So 11–16 Uhr | www.tauchgondel.de*

■ ESSEN & TRINKEN ■■■■■

ZUM SMUTJE

Hier locken die frischen Fischspezialitäten. Besonders köstlich ist der Ostsee-Dorsch, gedünstet oder gebraten. *Tgl. | Vinetastr. 5 a | Tel. 038377/415 48 | €€*

■ ÜBERNACHTEN ■■■■■

ASGARD 🔊

Herrlich an der Promenade gelegen. 50 Apartments sowie Wellnessbereich (Schwimmbad, Sauna, Dampfbad). *34 Zi. | Dünenstr. 20 | Tel. 038377/46 70 | Fax 46 71 24 | www. hotelasgard.de | €€–€€€*

PARKHOTEL AM GLIENBERG

38 große, freundlich eingerichtete Zimmer in ruhiger Lage; moderner Wellnessbereich mit Schwimmbad. *Waldstr. 13 | Tel. 038377/720 | Fax 724 34 | www.parkhotel-am-glien berg.de | €€€*

An schönen Tagen wird es eng am Strand von Zinnowitz, aber das stört hier niemanden

USEDOM/GREIFSWALD

FREIZEIT & SPORT

An der Seebrücke legen die Ausflugsschiffe ab. Tennisplätze: *An der Waldbühne*. Der ◢ *Sportpark Barge (Möskenweg 24)* bietet Tennis, Badminton, Tischtennis, Kegeln. In der *Bernsteintherme (Strandpromenade | www.bernsteintherme.de)* genießen Sie 28 Grad warmes Meerwasser.

AM ABEND

Veranstaltungen gibt es im *Musikpavillon* und in der *Ostseebühne*. Dort finden Mitte Juni bis Anfang September *(Di, Sa, So 20 Uhr)* die *Vineta-Festspiele (Tel. 038377/409 36 | www.vineta-festspiele.de)* statt. Die multimediale Theatershow erzählt Episoden aus der Stadtgeschichte. Ganzjährig Theater in: *Die Blechbüchse – das gelbe Theater (Heringsdorfer Weg | Tel. 038377/409 36)*.

AUSKUNFT

KURVERWALTUNG

Strandstr. 30 | 17454 Zinnowitz | Tel. 038377/49 20 | Fax 422 29 | www.zinnowitz.de

ZIELE IN DER UMGEBUNG

KÖLPINSEE [121 E2]

Idyllisch gelegener Badeort (1000 Ew.). Der Kölpinsee war Namensgeber. Schöner Blick auf die sich ins Achterwasser erstreckende Halbinsel Loddiner Höft von einem der besten Usedomer Fischrestaurants, dem ☆ *Waterblick (Am Mühlenberg | Tel. 038375/202 94 | www.waterblick.de | €€)*. 10 km

KOSEROW [121 E2]

Badeort (1600 Ew.) mit kleinen Hotels und Pensionen und einer 261 m langen Seebrücke. Um einen ausgedienten S-Bahnwagen baute sich ab 1932 der Altmeister der norddeutschen Landschaftsmalerei Otto Niemeyer-Holstein sein skurriles Zuhause. „Lüttenort" taufte es der 1984 verstorbene Künstler *(Mitte April bis Mitte Okt. tgl. 10–18, Führungen 11, 14, 15 Uhr, Mitte Okt.–Mitte April Mi/Do, Sa/So 10–16, Führungen 11, 14 Uhr)*. Fisch wird hervorragend zubereitet in der *Koserower Salzhütte (Bei der Seebrücke | Tel. 038375/ 206 80 | €€)*. 2 km

PEENEMÜNDE [120 C1]

Das *Historisch-Technische Informationszentrum* in Usedoms nördlichstem Ort gehört mit rund 300 000 Besuchern jährlich zu den meistfrequentierten Museen Deutschlands. In Peenemünde entwickelten die Nationalsozialisten im damals größten Hightechzentrum Europas die erste automatisch gesteuerte Flüssigkeitsgroßrakete. Sie war eine der grausamsten Waffen des Zweiten Weltkriegs, gilt aber auch als Vorläufer aller Raumfahrtträgerraketen. Nach dem Zweiten Weltkrieg haben die Sowjets, wie im Potsdamer Abkommen festgelegt, fast alle Anlagen dem Erdboden gleichgemacht. Eine Ausstellung informiert über die Raketenentwicklung *(April–Sept. tgl. 10–18, Okt.–März tgl. 10–16 Uhr, Nov.–März Mo geschl. | www.peenemünde.de)*.

Das *Maritim Museum* zeigt das einst größte dieselbetriebene U-Boot (86 m Länge), das die russische Kriegsmarine 1994 außer Dienst stellte *(April–Juni, Mitte Sept.–Okt. tgl. 10–18, Juli–Mitte Sept. 9–21, Nov.–März 10–15 Uhr)*. 15 km

> MIT OLDTIMERZÜGEN UNTERWEGS

Reisen wie anno dazumal – nicht nur Eisenbahnfans genießen die nostalgische Tour entlang der Küste

Die Touren sind auf dem hinteren Umschlag und im Reiseatlas grün markiert

> Zwei Kleinbahnen rattern an der Ostseeküste entlang. Von den Bahnhöfen führen Wanderwege in die schöne Landschaft. Eisenbahnfreaks kommen von weither angereist, um in die Züge mit den fauchenden Dampfrössern zu steigen. Die beiden zum technischen Denkmal erklärten Bahnen sind selbst ein Reiseziel. Dennoch: „Molli" und „Rasender Roland" sind keine Museumsbahnen – sie fahren nach Fahrplan.

Bild: der „Rasende Roland"

1 MIT DEM „MOLLI" ZUM OSTSEESTRAND

★ Die romantische Fahrt mit dem „Molli" führt von Bad Doberan bis nach Kühlungsborn. Die Fahrzeit für die 15,4 km lange Strecke beträgt 45 Min.

Am 19. Juli 1886 dampfte zum ersten Mal ein Zug in Bad Doberan *(S. 39)* los; damals fuhr die erste öffentliche Schmalspurbahn Mecklenburgs mit der seltenen Spurweite von

AUSFLÜGE & TOUREN

900 mm nur bis Heiligendamm, 1910 wurde die Strecke ins heutige Kühlungsborn verlängert.

Der „Molli", offiziell **Mecklenburgische Bäderbahn** genannt, beginnt seine Fahrt am **Bahnhof Bad Doberan**. Mit dem typischen Pfeifen und Bimmeln setzt sich der Zug mit der Dampflok an der Spitze in Bewegung. Nach kurzer Fahrt durch den Bad Doberaner Stadtpark kreuzt die Bahn am Alexandrinenplatz die B 105, unmittelbar danach hält sie am **Haltepunkt Stadtmitte**. In den schmalen Straßen der Innenstadt zuckelt der „Molli" oftmals nur im Abstand von knapp 1 m an den Häusern entlang. Fast mit Schrittgeschwindigkeit erreicht er den Haltepunkt **Bad Doberan Goethestraße** *(0,9 km)*. Danach geht es am Ehm-Welk-Haus (1937/38) vorbei, in dem der durch die „Kummerow"-Bücher berühmt gewordene Autor (1884–1966) wohnte.

Linker Hand erstreckt sich das Gelände der ersten europäischen Galopprennbahn. Von 1823 bis 1939 und von 1945 bis 1962 wetteiferten hier Pferde und Jockeys um Siegerkränze, danach wurde das Gelände landwirtschaftliche Nutzfläche. 1993 fand nach 31 Jahren wieder ein Pferderennen statt, seitdem halten die Züge an Renntagen am **Haltepunkt Rennbahn** *(3,8 km)*.

Kurz darauf ist das nächste Ziel erreicht, der **Bahnhof Ostseebad Heiligendamm** *(6,5 km, S. 39)*. In dem klassizistisch erbauten Badeort erholte sich einst in den Sommermonaten die Schweriner Herzogsfamilie, umgeben von den Spitzen der mecklenburgischen Gesellschaft. Der Wunsch, bequem von Doberan zur Ostsee nach Heiligendamm zu gelangen, führte zum Bau der Schmalspurbahn. Der nächste Stopp – allerdings nur in der warmen Jahreszeit – liegt am 1969 eingerichteten **Haltepunkt Steilküste-Wittenbeck** *(10,8 km)*.

Einen großen Bogen um den Ort ziehend nähert sich der „Molli" dem **Bahnhof Ostseebad Kühlungsborn Ost** *(12,7 km)*. Bis 1938, als Kühlungsborn *(S. 43)* durch den Zusammenschluss von drei Orten entstand, war an dem Bahnhofsgebäude Brunshaupten zu lesen. Das nächste Ziel ist der **Haltepunkt Kühlungsborn Mitte** *(13,5 km)*. Die hölzerne Halle entspricht heute noch fast dem Original aus dem Jahr 1910.

Noch 5 Min., und der Zug fährt ein in den **Bahnhof Ostseebad Kühlungsborn West** *(15,4 km)*. Als der Bahnhof 1927 gebaut wurde, hieß dieser heutige Teil von Kühlungsborn noch Arendsee. Im **Eisenbahnmuseum**

Insider Tipp

sind viele Exponate aus der Geschichte des „Molli" zu sehen *(Di–So entsprechend dem Fahrplan)*. Auskunft: *Mecklenburgische Bäderbahn Molli GmbH & Co KG | Am Bahnhof | 18209 Bad Doberan | Tel. 038203/ 41 50 | Fax 415 12 | www.molli-bahn.de*.

2 IM „RASENDEN ROLAND" DURCH SÜDOST-RÜGEN

⭐ Ein besonderes Vergnügen: Die schönsten Punkte der Insel ganz gemütlich mit der nostalgischen Kleinbahn entdecken. Fahrzeit: ca. 1 Std. (26,8 km)

104,8 km lang war die Schmalspurstrecke auf Deutschlands größter Insel, übrig ist nur das 24,2 km lange Stück von Putbus nach Göhren, das 1999 um 2,6 km bis zum Hafen von Lauterbach verlängert wurde.

Am 22. Juli 1895 schnaufte in Putbus *(S. 74)* zum ersten Mal ein Zug los. „Rasender Roland" taufte der Volksmund die Bahn mit 750 mm Spurweite spöttisch, da die Höchstgeschwindigkeit maximal stolze 30 km/h beträgt.

Der „Rasende Roland" dampft los im **Bahnhof Putbus-Landesbahn**. Nach vier Minuten stoppt der Zug am **Haltepunkt Beuchow** *(1,8 km)*. Beuchow ist eine der sieben Bedarfshaltestellen; die gesamte Strecke hat insgesamt zwölf Haltepunkte. Wer aussteigen möchte, sollte das vorher dem Lokführer oder Schaffner mitteilen, wer einsteigen möchte, winkt einfach an den Haltepunkten.

Insider Tipp

Die Kleinbahn zuckelt nun zum **Haltepunkt Posewald** *(3,8 km)* und weiter zum **Haltepunkt Selvitz** *(6,9 km)*. Durch Wald und Wiesen geht die

Strandkörbe gehören einfach zum Ostseestrand – sie sind hier schließlich erfunden worden

Fahrt weiter zum **Haltepunkt Serams** *(8,1 km)*. Nach Serams sieht man links durch Schilf und Sträucher etwas vom verlandenden Schmachter See, der vor rund 200 Jahren noch eine Bucht der Ostsee war. Kurz darauf erreichen Sie den **Bahnhof Binz Landesbahn** *(10,9 km)*.

Von Binz fährt der Zug um die Höhen der Granitz herum und stoppt dann im Wald am **Haltepunkt Jagdschloss** *(13,2 km | S. 72)*. Durch einen der herrlichsten Buchenwälder, die es im Norden Deutschlands gibt, dampft die Bahn zum **Haltepunkt Garftitz** *(14,6 km)* und von dort weiter in Richtung **Sellin** *(S. 77)*, das sich nach dem Bau der Bahn vom Fischerdorf zum Seebad entwickelte.

Direkt an der B 196 liegt der **Bahnhof Ostseebad Sellin** *(19,0 km)*. Das Empfangsgebäude stammt noch aus der Erbauungszeit aus dem Jahr 1896. Es wurde saniert und beherbergt seit 2000 eine Gaststätte, den **Selliner Kleinbahnhof**.

Der Zug schnauft nun zum **Bahnhof Baabe** *(21,3 km)*. Vor allem nach dem Zweiten Weltkrieg hat sich **Baabe** *(S. 77)* zu einem hübschen, stillen Badeort mit kleinen Hotels und Pensionen entwickelt. Die nächste Station des „Rasenden Roland", direkt an der B 196 im Wald gelegen, ist der **Haltepunkt Philippshagen** *(22,0 km)*.

Nach einer guten Stunde gemütlicher Fahrt hat der Zug seinen Endpunkt, den **Bahnhof Ostseebad Göhren** *(24,2 km, S. 72)*, erreicht.

Vom Göhrener Bahnhof sind es nur wenige Minuten bis zur Seebrücke und dem feinen Sandstrand.

Auskunft: *Rügensche Bäderbahn, Bahnhofstr. 1a, 18586 Göhren | Tel. 03838/81 35 91 | www.ruegensche-baederbahn.de*

EIN TAG IN UND UM ROSTOCK

Action pur und einmalige Erlebnisse.
Gehen Sie auf Tour mit unserem Szene-Scout

START UP

8:00

Der Tag startet im gemütlichen *Café Central!* Auf einem der Sofas Platz nehmen und sich aus der Karte sein Lieblingsfrühstück auswählen. Zur Morning-Untermalung gibt es Jazz oder orientalische Musik. **WO?** *Leonhardstr. 22, Rostock | Tel. 0381/490 46 48*

9:00

FREI FÜHLEN

Striegeln, satteln, aufsteigen! Im Galopp geht's durch die Dünen. Unter den Hufen der Pferde wirbelt der Sand auf, eine frische Meeresbrise weht einem ins Gesicht. Dem Gefühl von Freiheit kann sich niemand mehr entziehen. **WO?** *Stolteraer Weg 15 | Diedrichshagen bei Warnemünde | Anmeldung ca. eine Woche vorher: Tel. 0381/512 65 | Kosten: ca. 20 Euro | www.reiterhofblohm.de*

HART AM WIND

12:00

Rauf aufs Highspeed-Segelboot und Leinen los! Das Segel bläht sich, langsam gewinnt die Yacht an Fahrt, wird schneller und schneller, hebt sich auf einer Seite aus dem Wasser, stellt sich Wind und Wasser. Speedjunkies können nicht genug kriegen und werden zusammen mit dem Team um Jürgen Knuth die Yacht bis an ihre Grenzen bringen. **WO?** *Nach Vereinbarung steht das Boot samt Crew im Warnemünder Hafen bereit | Seestr. 2 b | Börgerende | Tel. 038203/73 32 89 | Kosten: 295 Euro | www.v60sail.de*

15:00

SNACKTIME

Adrenalin macht hungrig – nach diesem Segeltörn braucht man einen Imbiss de luxe. Im Warnemünder *Teepott* empfängt einen die stylishe Glasfassade, und die Küche hält für Meereshelden die passenden Speisen bereit: Bärlauch-Kartoffelsalat mit gebratenen Scampi oder Büsumer Krabben auf Schwarzbrot. Wenn das keine guten Argumente sind – also nichts wie hin! **WO?** *Seepromenade 1 | Warnemünde | www.teepott-restaurant.de*

24 h

DER BALL IST RUND

16:30

Fun am Beach, jetzt wird's sportlich. Nur 300 m hinter dem Teepott fighten die Locals beim Beachvolleyball um jeden Punkt. Am Netz hochspringen, baggern und schmettern – klingt einfach? Nach einem kurzen Warm-up selbst zum Ball greifen und testen! *WO? Zwischen Leuchtturm und Hotel Neptun*

18:00

ROMANTIC MOODS

Rauf auf den Tower! 30 m ist der alte Leuchtturm hoch. 30 m, die einen Stufe für Stufe zum Lieblingsplatz der Romantikfans bringen. Der Ausblick von dort oben ist einfach atemberaubend. *WO? Leuchtturm am Warnemünder Strand, neben dem Teepott | Tel. 0381/519 26 26 | www.tourist-mv.de*

DINNER

20:00

Der Magen knurrt? Dann nichts wie ab ins Hafenrestaurant *Borwin*. Bei schönem Wetter unbedingt einen Platz auf der Veranda sichern. Serviert wird fangfrischer Fisch, und der schmeckt beim Blick aufs Wasser gleich doppelt so gut. *WO? Am Strande 2, Rostock | Tel. 0381/490 75 25,*

24:00

HAPPY HOURS

Ein langer Tag endet am besten mit einem Besuch im *Wicki Wacki Woo*, wo es über 200 verschiedene Cocktails gibt. Und wem das nicht genug ist, der bestellt beim Barkeeper seinen ganz persönlichen Mix. Keine Sorge, nach dem ersten Drink geht einem der Name der Bar ganz locker von der Zunge. *WO? Waldemarstr. 1 | Tel. 0381/660 32 88 | www.wickiwackiwoo.de*

> ANGELN, GOLFEN, RADELN UND REITEN

Vielfältig sind an der Ostseeküste die Angebote für aktive Urlauber

> **Immer mehr Ostseeurlauber sind aktiv, faul am Strand zu liegen ist nicht mehr in. Viele kommen sogar speziell, um an der Küste von Mecklenburg und Vorpommern ihren Lieblingssport auszuüben.**

Im Frühjahr und im Herbst sind das vorwiegend Angler und Golfer; Radler sind vom zeitigen Frühjahr bis zum späten Herbst unterwegs. Taucher wählen die warmen Sommermonate. Wasserfans müssen sich jedoch nicht mehr auf die Sommermonate beschränken. Beheizte Schwimmbäder in Hotels und mehrere Erlebnisbäder laden das ganze Jahr über zum Schwimmen und Planschen ein.

■ ANGELN

Die Ostseeküste von Mecklenburg-Vorpommern ist ein wahres Paradies für Angler. Dorsche, Hornfische, Heringe, Zander und Flundern werden in der Ostsee und in den Boddengewässern gefangen. Wer in der 12-

> *www.marcopolo.de/ostseekueste-mv*

SPORT & AKTIVITÄTEN

Meilen-Zone der Ostsee, den Haff- oder Boddengewässern angeln möchte, benötigt eine Angelgenehmigung. Für die ist wiederum ein Fischereischein notwendig. Touristen können einmal im Kalenderjahr für die Dauer von 28 aufeinander folgenden Tagen einen **Touristenfischereischein** erwerben. Genauere Infos bei der jeweiligen Tourist-Information. *(www.mv.maritim.de)*. In den Häfen Wismar, Timmendorf (auf Poel),

Insider Tipp

Rostock-Warnemünde sowie Sassnitz, Breege und Gager starten Kutter zum Hochseeangeln. Zu den **besten Fanggründen im Peenestrom und Greifswalder Bodden** führen die Angeltouren, die *Angeln exklusiv (Tel. 0171/721 97 12 | www.angeln exklusiv.de)* organisiert.

Insider Tipp

■ BADEN

Die Ostsee wird selbst an heißen Hochsommertagen kaum wärmer als

18 Grad. Für viele zu wenig, um sich wohl zu fühlen. Aber etliche Hotels haben Schwimmbäder, die angenehm temperiert sind und gegen Gebühr oft auch Nichthotelgästen offen stehen. Schwimmbäder mit Ostseewasser gibt es in Boltenhagen sowie Zinnowitz. Freizeitbäder mit Saunen, Whirlpools und vielem mehr findet man in Wismar, Stralsund, Ribnitz-Damgarten, Sellin, Neddesitz-Sargard, Greifswald und Ahlbeck.

GOLF

Auch im Osten Deutschlands wird gegolft. Die Anlagen haben oft einen 18-Loch-Platz, immer jedoch 9- oder 6-Loch-Kurzplätze und Drivingranges sowie meist eine Golfschule. *Golf-Club (23968 Hohen Wieschendorf | Tel. 038428/660); Golfresort Wittenbeck (18209 Wittenbeck | Tel. 038293/75 75); Golfanlage Zum Fischland (18311 Neuhof, bei Ribnitz-Damgarten | Tel. 03821/89 46 10); Golfanlage Schloss Karnitz, Rügen*

(18574 Karnitz | Tel. 038304/824 70); Golfpark Balm (17429 Balm, Usedom Tel. 038379/281 99). Infos unter www.auf-nach-mv.de/golf und www.golfverband-mv.de

INLINESKATEN

Skater finden ideale Bedingungen auf den unzähligen asphaltierten Radwegen. Aber auch die Kronen der Deiche auf dem Darß, Zingst und auf Usedom bieten sich dafür an.

RADFAHREN

Die flache Küstenregion ist bei Radlern beliebt, vielfach ist das Rad sogar ein Muss, weil manche Ziele nur so zu erreichen sind – z.B. auf der autofreien Insel Hiddensee. Das Radwegenetz wurde erheblich ausgebaut, Fernradwege führen in andere Regionen. So verbindet der 630 km lange Europäische Radweg Berlin–Kopenhagen die Küste von Mecklenburg-Vorpommern mit der dänischen und der deutschen Hauptstadt.

Ob gemütlich oder sportlich-schnell: Radfahren vor herrlicher Naturkulisse

SPORT & AKTIVITÄTEN

Räder können Sie in fast allen Ferienorten mieten, auch viele Hotels halten Fahrräder für ihre Gäste bereit. Komfort-Radwandertouren mit Gepäckservice: *Die Mecklenburger Radtour | Zunftstr. 4 | 18437 Stralsund | Tel. 03831/28 02 20 | Fax 28 02 19 | www.mecklenburgerradtour.de*

REITEN

Die flache, dünn besiedelte Küstenregion ist ein ideales Pferdeland. Immer mehr Gäste verbringen ihre Ferien auf den modern ausgestatteten Reiterhöfen. Reithallen machen das sportliche Vergnügen wetterunabhängig. Einen Kremser oder eine Kutsche zu mieten, das ist mittlerweile ebenso unkompliziert wie eine Taxibestellung. *Auskunft: Landurlaub Mecklenburg-Vorpommern e.V. (Griebnitzer Weg 1 | 18196 Dummestorf | Tel. 038208/606 72 | Fax 606 73 | www.landurlaub.m-vp.de)*

TAUCHEN

Wer alles sehen möchte, was die Ostsee an Schönem bietet, der muss sich unter die Wasseroberfläche begeben. Dort können Sie Fische, Krabben und Quallen beobachten, aber auch Muschelbänke und Seegraswiesen. Die Sicht beträgt jedoch selten mehr als 5 m. Saison ist von Mai bis September. Informationen bei den regionalen Tourismusverbänden *(www.mv-maritim.de)*.

TENNIS

Nahezu alle Ostseebäder bieten ihren Gästen Tennisplätze. Hallen gibt es u.a. in Wismar, Rostock, Malchow, Zingst, auf Rügen und Usedom.

WANDERN

Auch Untrainierte marschieren an der Küste gern los, denn die Hügel stellen keine besondere sportliche Herausforderung dar. Viele Kurverwaltungen bieten organisierte Wanderungen an. Besonders erlebnisreich sind die Touren mit einem Nationalparkranger, auf denen man unter fachkundiger Leitung seltene Vögel sehen kann. *Auskunft: Nationalparkamt Vorpommersche Boddenlandschaft | Tel. 038234/50 20 | Fax 502 24 | www.nationalpark-vorpommersche-boddenlandschaft.de; Nationalparkamt Rügen | Tel. 038303/88 50 | Fax 885 88 | www.nationalpark-jasmund.de*

Insider Tipp

WASSERSPORT

An der Küste können Sie surfen, rudern, segeln und mit Motorbooten fahren. Surfer sind begeistert von der Wismarer Bucht, dem Salzhaff bei Rerik, dem Thiessower Haken, der Insel Ummanz (beide Rügen) sowie der Pommerschen Bucht vor der Küste der Kaiserbäder Usedoms. Auch die Segler schwärmen von den unterschiedlichen Bedingungen, die die Ostsee und die vergleichsweise ruhigen Boddengewässer bieten. In fast allen Ostseebädern gibt es Ruder-, Paddel- und Segelbootverleih. Surf- und Segelschulen haben Kurse für Anfänger und Fortgeschrittene im Programm. Nähere Auskünfte bekommen Sie bei den regionalen Tourismusverbänden oder den Touristinformationen *(www.mv-maritim.de)*. Hausboote kann man in der Citymarina in Stralsund chartern *(Kuhnle Tours | Seestr. 14a | Tel. 03831/44 49 78 | www.kuhnle-tours.de)*.

> MUSEUMSRALLYES UND MEERESGETIER

Zahlreiche Attraktionen erfreuen die kleinen Gäste
an der Ostseeküste zwischen Wismar und Usedom

> **Im Sand buddeln kann mit der Zeit langweilig werden, und wenn dann noch das Wetter nicht so recht mitspielt, werden selbst die liebsten Kleinen quengelig.**

Den einzigen Ausweg sehen viele Eltern im Hotelschwimmbad. Oder sie schicken die Kinder auf einen der vielen Abenteuerspielplätze. Dabei gibt es an der Küste manches mehr, was Kinderherzen erfreut. Viele Orte bieten während der Sommerferien spezielle Kinderprogramme an.

WISMAR UND DIE WISMARBUCHT

POELER PIRATENLAND [113 E2]

Wie ein Pirat toben, springen, rutschen und hüpfen auf dem Indoor-Spielplatz. Zu den Attraktionen auf 800 m² Hallenfläche gehören der Kletterturm mit einer 8-m-Rutsche, Kartbahn, Trampolin und Ballschussarena. *Mai, Juni, Sept./Okt. tgl. 10–19, Juli/Aug. tgl. 10–20, Nov. bis April Di–So 12–18 Uhr | Erw. 2,90,*

MIT KINDERN REISEN

Kinder 5,90 Euro | Insel Poel –
Schwarzer Busch | www.poeler-pira
tenland.de

■ **ROSTOCK UND UMGEBUNG** ■
LANDSCHULMUSEUM
GÖLDENITZ   [115 E5]
Einst klapperten in dem Haus die
Kinder der Tagelöhner und Landarbeiter mit ihren Holzpantinen, „Pan-
toffelgymnasium" wurden die Dorf-
schulen deshalb scherzhaft genannt.

In dem einzigen Klassenraum unter-
richtete der Lehrer Schulanfänger
und die Schüler der oberen Klassen
gemeinsam. Interessant ist ein Blick
in die neu eingerichtete Ausstellung
„Nachdenken über Schule 1945 bis
1989", die über das Schul- und Fami-
lienleben sowie die außerunterricht-
lichen Aktivitäten in der Nachkriegs-
zeit und in der DDR informiert.

Großen und kleinen Besuchern be-
reitet das „Nachsitzen" gleicherma-

ßen Freude, eine historische Schulstunde im Klassenzimmer *(nach Voranmeldung, Tel. 038208/264). April bis Dez. Di, Do, Sa 9–17, Mai–Okt. zusätzlich Mi, Fr 9–14 Uhr | Eintritt Erw. 2, Kinder 1 Euro | Göldenitz | www.aufdertenne.de*

FISCHLAND, DARSS, ZINGST

VOGELPARK MARLOW [116 B4]

Vom heimischen Storch bis zum afrikanischen Strauß sind etwa 150 Vogelarten in naturnahen Lebensräumen zu bewundern. Adler, Falken und Eulen zeigen im Freiflug ihre Künste. Wie die Pinguine tauchen, können Sie durch eine große Glasfront beobachten. Die Anlage der farbenprächtigen australischen Papageien darf man betreten. Im Streichelzoo gibt es Kaninchen, Ziegen, Schafe und Hühner. Spannend sind die geführten Touren bei Vollmond. Von April bis September wandern die Besucher in der Dämmerung durch den Park, den Abschluss bilden die Uhu-Flugshow und eine gemütliche Runde am Lagerfeuer *(Termine unter Tel. 038221/265). April–Okt. tgl. 9–19, Juli/Aug. 9–20, Nov.–März tgl. 10–15 Uhr | Eintritt Erw. 10, Kinder 5 Euro, im Winterhalbjahr um die Hälfte reduzierte Preise | Kölzower Chaussee | Marlow | www.vogelpark-marlow.de*

RÜGEN, HIDDENSEE, STRALSUND

OZEANEUM [117 E3]

Spielerisch erobern die Kids das Meer und seine Bewohner im *Meer für Kinder.* In kleinen Schaubecken sind Garnelen, Stichlinge oder Platt-

Im Landschulmuseum Göldenitz: Schule wie zu Großmutters Zeiten erleben

fische zu entdecken, und wer sagt, dass Fische stumm sind? An der Hörstation „sprechen" Seepferdchen, Anemonenfisch und Languste. Der Erlebnistunnel entführt die Kleinen in die Tiefsee, wo es faszinierendes Leben zu entdecken gibt. Auf der eigenen Kinderwebsite *www.kinder meer.de* nimmt Walfred, der kleine Schweinswal, die Kinder mit durch ein buntes Kaleidoskop an Spielen, Ideen und Wissenswertem. *Juni bis Sept. tgl. 9.30–21, Okt.–Mai tgl. 9.30–19 Uhr | Eintritt Erw. 14, Kinder 8 Euro | Hafenstr. 1, Stralsund | www.ozeaneum.de*

insider Tipp

RÜGEN PARK GINGST [118 B3]

Eine Weltreise in 20 Minuten? Das ist auf Rügen möglich. Die Kleinbahn „Emma" rollt zu weltberühmten Bauwerken, u. a. der Freiheitsstatue von New York, den Cheopspyramiden von Gizeh und dem Hamburger Michel. Dazu gibt es fachkundige Erklärungen. Rügen von oben betrachten können Sie von Aussichtsplattformen. Wie im Original ist die 100 mal 60 m große Miniaturinsel von Wasser umgeben. Außerdem: Riesenrutsche, Pferdereitbahn, Hüpfberg und Wildwasserrondell. *April bis Juni Di–So 10–18, Juli/Aug. tgl. 10–19, Sept./Okt. Di–So 10–17 Uhr | Eintritt Erw. 8,50, Kinder nach Größe 1,50–6,50 Euro | Gingst | www.ruegenpark.de*

USEDOM UND GREIFSWALD

PHÄNOMENTA [120 C1]

Durch einen Paukenschlag wird eine Kerze gelöscht, und in die überdimensionale Seifenblase kann man hineinklettern. Alles, was hier steht, soll angefasst werden, um spielend und oft staunend physikalischen Gesetzen auf den Grund zu gehen – Physikunterricht auf andere Art, für Kinder und Erwachsene ist das gleichermaßen interessant. Geduld und Geschick sind notwendig, um mit einem kleinen Magneten einer großen Tonne den erforderlichen

Willkommene Abkühlung

Schwung zu versetzen. In zwei Kosmonautentrainern können sich Neugierige sogar in die Schwerelosigkeit begeben. Wer das wagt, muss jedoch schwindelfrei sein. *Mitte März–Okt. tgl. 10–18, Weihnachten, Neujahr, Winterferien tgl. 10–16 Uhr | Eintritt Erw. 7, Kinder 5 Euro | Museumsstr. 12 | Peenemünde | www.phaenomen ta-peenemuende.de*

> VON ANREISE BIS ZEITUNGEN

Urlaub von Anfang bis Ende: die wichtigsten Adressen und Informationen für Ihre Ostseereise

▓ ANREISE ▓▓▓▓▓▓▓▓▓▓▓▓▓▓▓

Die Küstenautobahn A 20 erleichtert das Reisen entlang der Ostseeküste Mecklenburg-Vorpommern wesentlich.

Bahnreisende aus Richtung Berlin fahren mit dem Regional-Express von Berlin über Schwerin nach Wismar oder nach Rostock. Ist Rügen das Ziel, geht die Fahrt immer über Stralsund *(www.bahn.de)*. Wer aus Richtung Süden nach Usedom möchte, steigt aus dem RE Berlin–Stralsund in Züssow aus und fährt mit der Usedomer Bäderbahn weiter, aus Norden und Westen Anreisende steigen in Stralsund in die Usedomer Bäderbahn *(www.ubb-online.com)*.

Die nächsten internationalen Flughäfen befinden sich in Berlin *(www.berlin-airport.de)* und Hamburg *(www. flughafen-hamburg.de)*.

Flugverbindungen zu den regionalen Flughäfen Rostock *(Tel. 01805/00 77 37 | www.rostock-airport.de)* und Heringsdorf auf Usedom *(Tel. 038376/25 00 | www.flughafen-heringsdorf.de)* sollten Sie aktuell erfragen.

▓ AUSKUNFT ▓▓▓▓▓▓▓▓▓▓▓▓

Die Touristinformationen und Kurverwaltungen erteilen Auskunft und versenden kostenlos Prospektmaterial, meist jedoch verbunden mit der Bitte, einen Unkostenbeitrag zu leis-

PRAKTISCHE HINWEISE

ten (ca. 3 Euro). Allgemeine Infos, z.T. auch Buchungen bei:

AUSKUNFT UND TOURISTISCHER BUCHUNGSSERVICE MECKLENBURG-VORPOMMERN
Platz der Freundschaft 1 | 18059 Rostock | Fax 0381/403 05 55 | www.Auf-nach-MV.de. Telefonische Informationen rund um die Uhr | Buchungen Mo–Fr 8–18, Sa 9–13 Uhr | Tel. 0180/500 02 23

BADEN

An der Ostseeküste von Mecklenburg-Vorpommern kann man bedenkenlos baden, die Wasserqualität ist gut bis sehr gut. Das Landeshygieneinstitut untersucht von Mitte Mai bis Mitte September vierzehntägig das Ostseewasser mikrobiologisch und physikalisch-chemisch auf der Grundlage der EU-Richtlinien.

Große Strandbereiche werden von der Deutschen Lebens-Rettungs-Gesellschaft (DLRG) bewacht. Aus Sicherheitsgründen sollten Sie ausschließlich dort baden. Eine rote Fahne oder zwei rote Korbbälle signalisieren Badeverbot.

FÄHRVERKEHR

Nach *Hiddensee* fahren Personenfähren von *Schaprode (Insel Rügen),* im Sommer auch von *Stralsund, Zingst,* von *Wiek* und *Breege* auf Rügen. In Schaprode gibt es reichlich bewachte Parkplätze. *Auskunft Reederei Hid-*

densee, Infohotline 0180/321 21 50 | www.reederei-Hiddensee.de.

Die *Wittower Autofähre* verbindet die Halbinsel *Wittow* mit Zentralrügen *(April–Okt. 5.50–20.50 Uhr, Nov.–März 5.50–18.50 Uhr | Tel. 0172/752 68 38).*

> WAS KOSTET WIE VIEL?

> **KURTAXE**	**MAX. 2,30 EURO**	pro Tag in der Hauptsaison
> **STRANDKORB**	**MAX. 9 EURO**	pro Tag
> **SCHIFF**	**CA. 6 EURO**	für eine Hafen-rundfahrt
> **FAHRRAD**	**7–8 EURO**	Miete pro Tag
> **KAFFEE**	**CA. 2,50 EURO**	für ein Kännchen
> **BIER**	**1,80 EURO**	für 0,3 l vom Fass

INTERNET

Interessante Websites: *www.mecklenburg-vorpommern.eu* (alles über das Bundesland), *www.auf-nach-mv.de* (offizielle Webseiten des Landestourismusverbandes), *www.mv-tut-gut.de* (Gesundheit, Ernährung, Tourismus, Kultur, Wissenschaft), *www.jungesM-V.de* (Jugendtourismus), www.spielstrand.de (Webseite für Kinder), http://verkehrsinforma tion.mvnet.de (Straßenverkehrsinformationen: Baustellen, Staugefahr, Umleitungen etc.), www.erlebnis tour-mv.de (aktuelle Urlaubsangebote für die Ostseeküste), www.mvter mine.de (Veranstaltungskalender des Bundeslandes), www.mv-wetter.info (aktuelles Wetter mit Biowetter, Wetterwarnungen, Pollenflug und Hinweisen für Wassersportler), www. ostsee-und-wellness.de (Wellness-, Beauty- und Urlaubsangebote), www. sozial-mv.de (die Wasserqualität an der Küste von Mecklenburg-Vorpommern), www.landurlaub.m-vp.de (Hotels, Pensionen und Ferienhäuser auf dem Lande), www.ostsee-netz.de (die Regionen der Ostseeküste von Dänemark bis Polen).

Das drahtlose Surfen im Internet mit WLAN-Hotspots ist in den Hotels entlang der Ostseeküste Mecklenburg-Vorpommerns noch wenig verbreitet.

◼ INTERNETCAFÉS

Web pla Net (Schiffbauerring 59 | Rostock | Tel.0381/121 53 92 | www. webplanet-rostock.de), Internet-Café Baanet (Baabe, Rügen | Fritz-Worm-Str. 1 | Tel. 038303/959 80), Kaiserbäder-Internet-Café (Heringsdorf | Usedom | Seestr. 17 | Tel. 038378/330 86 | www.kaiserbaeder-i-cafe.de)

◼ KURTAXE

Kurtaxe wird in allen Badeorten erhoben. Kassiert wird bei der Anmeldung in der Unterkunft. Tagesbesucher, die den Strand nutzen, müssen vielerorts eine Tageskurkarte lösen.

◼ MIETWAGEN

Von den großen Autovermietungen sind an der Ostseeküste von Meck-

WETTER IN GREIFSWALD

Jan.	Feb.	März	April	Mai	Juni	Juli	Aug.	Sept.	Okt.	Nov.	Dez.
2	2	6	10	16	20	21	21	18	13	7	3

Tagestemperaturen in °C

-3	-3	-1	3	7	11	13	13	10	6	2	-1

Nachttemperaturen in °C

2	3	4	6	8	9	8	7	6	4	2	1

Sonnenschein Std./Tag

9	8	8	8	9	9	10	9	9	9	9	10

Niederschlag Tage/Monat

3	2	3	5	9	13	17	17	15	12	8	5

Wassertemperaturen in °C

lenburg-Vorpommern vertreten: Avis in Rostock, Ribnitz-Damgarten, Wolgast, Stralsund *(Tel. 0180/555 77 55, www.Avis.de)*; Hertz Autovermietung in Wismar, Rostock, Stralsund *(Tel. 01805/33 35 35, www.Hertz.de)*; Holiday Autos in Wismar, Ribnitz-Damgarten, Stralsund, Wolgast *(Tel. 01805/17 91 91, www.holidayauto.de)*; World of TUI Cars in Wismar, Stralsund, Bergen auf Rügen, Greifswald *(Tel. 0511/567 89 17, www.tuicars.com)*; Sixt AG in Wismar, Rostock, Stralsund, Binz, Greifswald *(Tel. 0180/525 25 25, www.e-sixt.de)*.

NOTRUFE
Polizei *Tel. 110*
Feuerwehr, Notarzt *Tel. 112*

ÖFFNUNGSZEITEN
Viele Restaurants passen ihre Öffnungszeiten dem Gästeaufkommen an. Es kann also, auch bei den Ruhetagen, Veränderungen geben. Wer nicht vor verschlossener Tür stehen möchte, sollte sich deshalb vorher telefonisch erkundigen. In der kalten Jahreszeit schließen auch Hotels oftmals mehrere Wochen. Die Ladenöffnungszeiten sind Mo–Fr freigegeben, Sa darf bis 22 Uhr geöffnet werden. In den Ferienorten gilt die Bäderregelung: Von Feb.–Nov., ausgenommen kirchliche Feiertage, darf So von 11.30–18.30 Uhr geöffnet werden.

PREISE
In den Ostseebädern, vor allem in Strandnähe, und in den Zentren der Hansestädte ist fast alles teurer als im Hinterland. Fragen Sie nach günstigen Angeboten, z.B. nach Familienkarten für Freizeitbäder und Museen.

Caféterrasse in Zinnowitz

Alle großen Reiseveranstalter wie TUI und Neckermann Reisen haben zahlreiche Hotels an der Ostseeküste Mecklenburg-Vorpommerns in ihren Katalogen. Der Preis ist generell günstiger gegenüber einer Direktbuchung beim Hotel. Der Reiseveranstalter garantiert eine gesicherte Qualität und optimal aufeinander abgestimmte Leistungen.

ZEITUNGEN
An der gesamten Ostseeküste von Mecklenburg-Vorpommern wird die „Ostsee-Zeitung" *(www.ostsee-zeitung.de)* gelesen, auf Usedom auch der „Nordkurier" *(www.nordkurier.de)*. Monatlich erscheint der „Kulturkalender – unterwegs in Mecklenburg-Vorpommern" *(www.kulturkalender-mv.de)* und viermal im Jahr das „Küstenjournal", das Urlaubermagazin für die Region Fischland, Darß, Zingst *(www.kuestenjournal.de)*.

Bei Jasmund, Rügen

> UNTERWEGS AN DER OSTSEE-KÜSTE

Die Seiteneinteilung für den Reiseatlas finden Sie auf dem hinteren Umschlag dieses Reiseführers

REISE
ATLAS

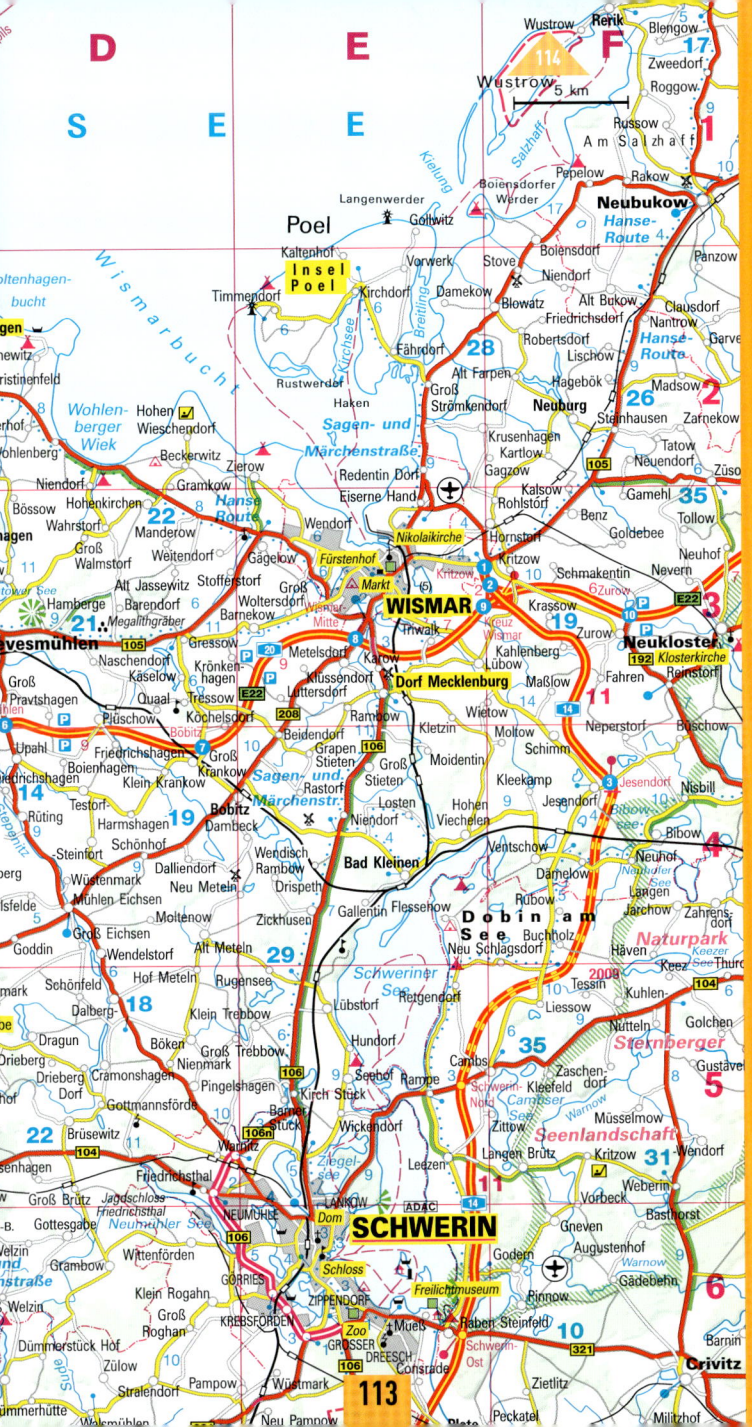

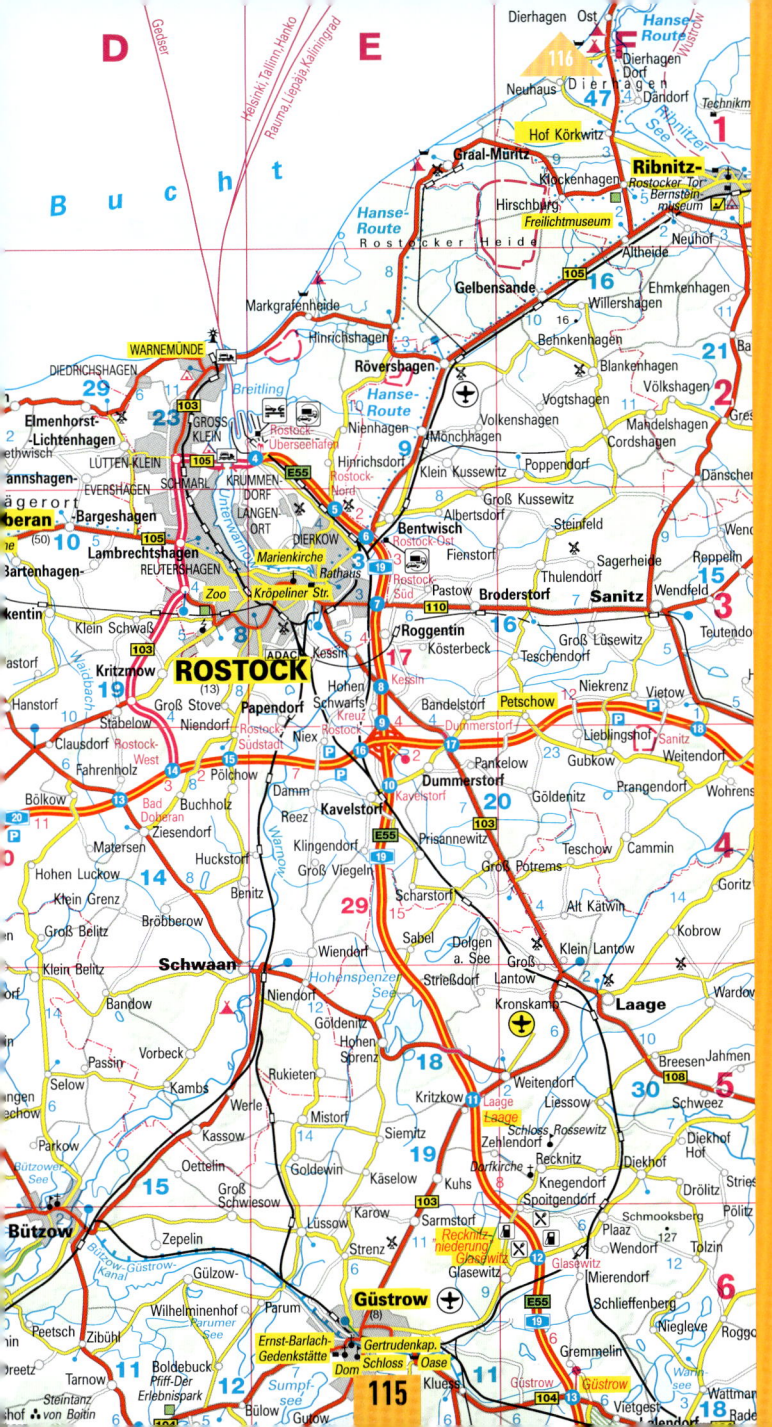

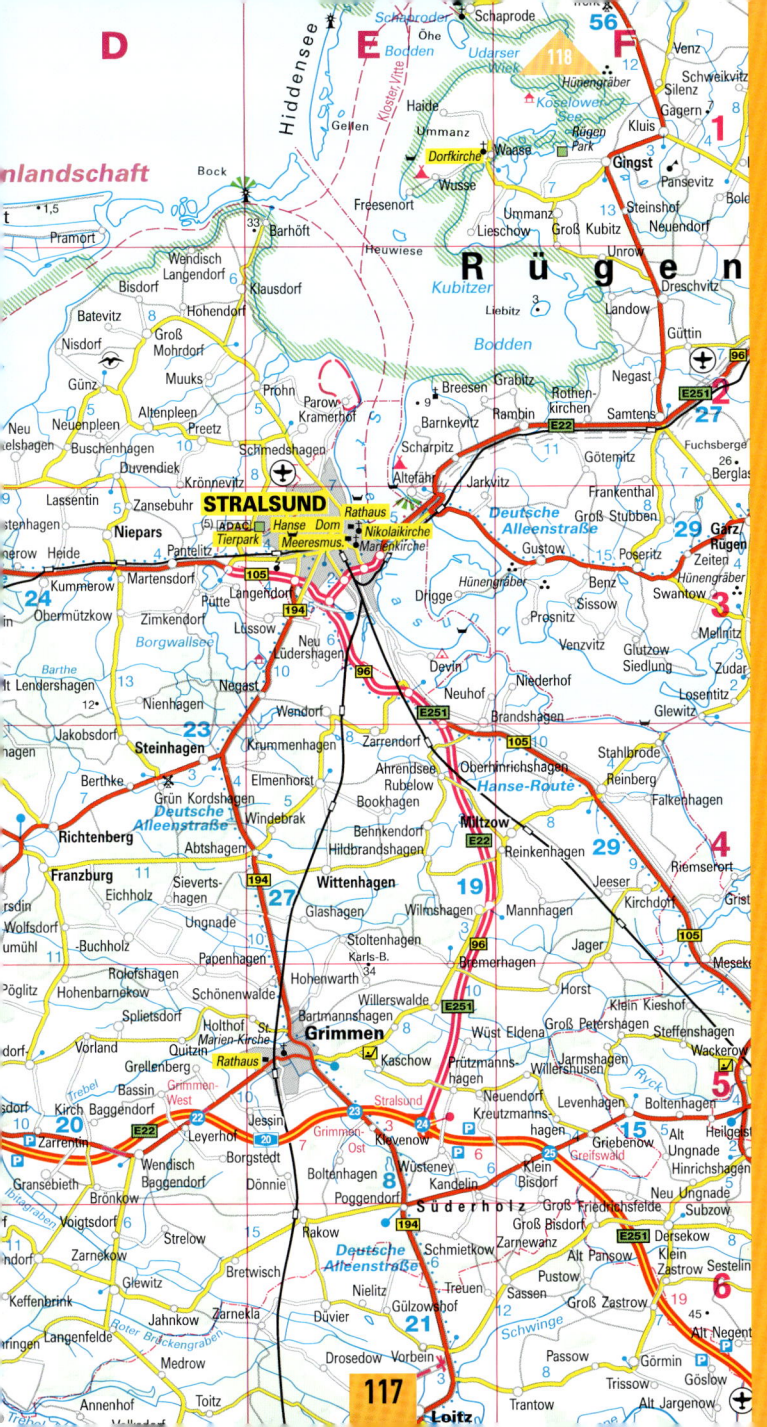

Kap Arkona

46

garten

vitz

O   S   T   S   E   E

omper

Wiek

iusruh

5 km

23

Glowe

Schloss Soyker

Polchow

smunder

Bodden

18

Rugard

Marienkirche

Neklade

Hünen-
gräber

Iln-Medow

Ruschvitz

Baldereck

Bobbin

Jasmund

Sagard

Lietzow

Stedar

Pulitz   Bodden

Buschvitz

Streu

Karow

11

Dolgemost

27

21

Vilmnitz

Putbus

hlosspark   Lauterbach

Neuendorf

Neukamp

Nardevitz

Nipmerow

Neddesitz

Jasmund
Therme

Jasmund

E251

96b

E22

Lohme

Königsstuhl

Hagen

161

Neu

Lubkow

Zirkow

196

Schmachter
See

Serams

Lancken-Granitz

Rasender Roland

Hünengräber

Deutsche
Alleenstraße

Biosphärenreservat

Neu Reddevitz

Vilm

37

Neukamp

Gr. Stubbenkammer

Kl. Stubbenkammer

Nationalpark

Hünengräber

Jasmund

Hünengräber

Sassnitz

(25)

Dubnitz

Sassnitz-
Fährhafen

Neu Mukran

Schmale Heide

Eisenbahn- und
Technik-
Museum

Prora

Prorer
Wiek

Erlebnisbad

Binz

Gränitz

Jagdschloss
Granitz

Sellin

Selliner
See

Inselparadies

Preetz

Seedorf

Baabe

196

Göhren

Middelhagen

Ha014

Alt
Reddevitz

Gager

Mönchgut

Groß Zicker

Klein Zicker

Thiessow

Südperd

Rügischer Bodden

Südost-

Rügen

Lübeck-Travemünde

Trelleborg Eisenbahn u. Kfz.

Rønne (Bornholm)

Klaipéda (Memel), Kaliningrad/Baltijsk

St. Petersburg

Greifswalder
Oie

Greifswalder

Bodden

ngräber

Koos

Insel Ruden

Historisch-Technisches
Informationszentrum
der Raumfahrt (Raketenbau)

Spandower-
hagener
Wiek

Struck

119

120

1

2

3

4

5

6

Autobahn mit Anschlussstelle und Anschlussnummer		Motorway with junction and junction number
Autobahn in Bau mit voraussichtlichem Fertigstellungsdatum		Motorway under construction with expected date of opening
Rasthaus mit Übernachtung · Raststätte		Hotel, motel · Restaurant
Kiosk · Tankstelle		Snackbar · Filling-station
Autohof · Parkplatz mit WC		Truckstop · Parking place with WC
Autobahn-Gebührenstelle		Toll station
Autobahnähnliche Schnellstraße		Dual carriageway with motorway characteristics
Fernverkehrsstraße		Trunk road
Verbindungsstraße		Main road
Nebenstraßen		Secondary roads
Fahrweg · Fußweg		Carriageway · Footpath
Gebührenpflichtige Straße		Toll road
Straße für Kraftfahrzeuge gesperrt		Road closed for motor vehicles
Straße für Wohnanhänger gesperrt		Road closed for caravans
Straße für Wohnanhänger nicht empfehlenswert		Road not recommended for caravans
Autofähre · Autozug-Terminal		Car ferry · Autorail station
Hauptbahn · Bahnhof · Tunnel		Main line railway · Station · Tunnel
Besonders sehenswertes kulturelles Objekt		Cultural site of particular interest
Besonders sehenswertes landschaftliches Objekt		Landscape of particular interest
Ausflüge & Touren		Excursions & Tours
Landschaftlich schöne Strecke		Route with beautiful scenery
Touristenstraße		Tourist route
Museumseisenbahn		Tourist train
Kirche, Kapelle · Kirchenruine		Church, chapel · Church ruin
Kloster · Klosterruine		Monastery · Monastery ruin
Schloss, Burg · Burgruine		Palace, castle · Castle ruin
Turm · Funk-, Fernsehturm		Tower · Radio or TV tower
Leuchtturm · Windmühle		Lighthouse · Windmill
Denkmal · Soldatenfriedhof		Monument · Military cemetery
Ruine, frühgeschichtliche Stätte · Höhle		Archaeological excavation, ruins · Cave
Hotel, Gasthaus, Berghütte · Heilbad		Hotel, inn, refuge · Spa
Campingplatz · Jugendherberge		Camping site · Youth hostel
Schwimmbad, Erlebnisbad, Strandbad · Golfplatz		Swimming pool, leisure pool, beach · Golf-course
Botanischer Garten, sehenswerter Park · Zoologischer Garten		Botanical gardens, interesting park · Zoological garden
Bedeutendes Bauwerk · Bedeutendes Areal		Important building · Important area
Verkehrsflughafen · Regionalflughafen		Airport · Regional airport
Flugplatz · Segelflugplatz		Airfield · Gliding site
Boots- und Jachthafen		Marina

OZEANEUM
Stralsund

Eine einzigartige Unterwasserreise durch die nördlichen Meere

Fotos: Johannes-Maria Schlorke

täglich geöffnet   9:30 – 19:00 Uhr
Juni – September   9:30 – 21:00 Uhr

Tel.: +49 3831 2650 610
www.ozeaneum.de

deutsches **meeres**museum

Im Register sind alle in diesem Reiseführer erwähnten Orte und Ausflugsziele verzeichnet. Halbfette Seitenzahlen verweisen auf den Haupteintrag, kursive auf ein Foto.

IMPRESSUM

> SCHREIBEN SIE UNS!

Liebe Leserin, lieber Leser,

wir setzen alles daran, Ihnen möglichst aktuelle Informationen mit auf die Reise zu geben. Dennoch schleichen sich manchmal Fehler ein – trotz gründlicher Recherche unserer Autoren/innen. Sie haben sicherlich Verständnis, dass der Verlag dafür keine Haftung übernehmen kann.

Wir freuen uns aber, wenn Sie uns schreiben.

Senden Sie Ihre Post an die MARCO POLO Redaktion, MAIRDUMONT, Postfach 31 51, 73751 Ostfildern, info@marcopolo.de

IMPRESSUM

Titelbild: Fischerboote bei Gager (Bilderberg: H. & D. Zielske).
Fotos: Bacio Erlebnisgastronomie GmbH (15 o.); J. an Berg (12 o.); Bilderberg: Zielske (1); Sebastian Burgold Berlin (14 o.); DAS AHLBECK Hotel & SPA (15 u.); W. Dieterich (3 M., 28, 29, 34, 49, 105); Hanna Drabon (13 u.); Feldhoff & Martin (76); © fotolia.com: Eline Spek (96 M. r.); R. Freyer (U. l., 2 r., 35, 61, 70, 78, 85); J. Gläser (27); Cathy Hanacker (96 M. l., 96 u. r., 97 M. r.); HB Verlag: Kirchner (4 l., 9, 71), Krewitt (U. r., 23, 109), Lubenow (11, 16/17, 40, 50, 95, 104); O. Heinze (3 l., 67, 110/111); W. Holz GmbH (97 u. l.); Huber: Bäck (30/31), Schmid (18, 22, 92/93); F. Ihlow (U. M., 5, 22/23, 36, 46, 52/53, 54, 60, 65, 73, 80/81); © iStockphoto.com: Paul Johnson (97 u. r.), Artis Rams (15 M.), Jan Rihak (97 o. l.), Amanda Rohde (96 o. l.); Karl's Erlebnis Hof: Lars Collin (12 u.); G. Knoll (84); T. Krüger (89, 90); Laif: Kirchner (2 l., 3 r., 6/7, 20, 64, 74), Vogel (43, 102/103); Look: Greune (100), Wothe (98/99); S. Lubenow (24/25, 32, 57, 62, 82, 87); Mauritius: Frei (28/29), Imagebroker.net (44/45, 59), Mayer (68/69), Mehlig (38/39), Rosenfeld (26); Stiftung Umwelt- und Naturschutz Mecklenburg-Vorpommern: Michael Steigmann (14 u.); K. Sucher (126 r.); B. Wurlitzer (126 l.); Wutschik Marketing + Betriebs GmbH: Frank Wutschik (13 o.)

13., aktualisierte Auflage 2009
© MAIRDUMONT GmbH & Co. KG, Ostfildern
Chefredaktion: Michaela Lienemann, Marion Zorn
Autoren: Kerstin Sucher, Bernd Wurlitzer; Redaktion: Beatrix Müller-Kapuscinski
Programmbetreuung: Jens Bey, Silwen Randebrock; Bildredaktion: Gabriele Forst, Helge Rösch
Szene/24h: Dr. Patrick Krause, Köln; wunder media, München
Kartografie Reiseatlas: © MAIRDUMONT, Ostfildern
Innengestaltung: Zum goldenen Hirschen, Hamburg; Titel/S. 1–3: Factor Product, München

Die MARCO POLO Autoren Kerstin Sucher und Bernd Wurlitzer im Interview

Kerstin Sucher und Bernd Wurlitzer leben in Berlin. Die beiden Journalisten haben sich auf den Tourismus in den neuen deutschen Bundesländern spezialisiert (www.touris mus-journalisten.de). **Durch zahlreiche Veröffentlichungen sind sie als profunde Kenner von Mecklenburg-Vorpommern bekannt.**

Woher kommt Ihre Liebe für die Gegend?

B. W.: Beide kennen wir diese Region seit unserer Kindheit, waren oft mit den Eltern hier. Wir lieben die vielgestaltige Landschaft, die oft noch unberührte Natur, die Meeresbrandung, Sanddornhecken, die verträumten Dörfer und lebhaften Badeorte. Und nicht zuletzt die Menschen.

Gibt es Lieblingsorte an der Küste?

K. S.: Oh ja, das sind Dorfkirchen und Gutshäuser, in denen zu Konzerten und Theateraufführungen geladen wird, das sind aber auch die wuchtigen Backsteinbauten in den Hansestädten und die wieder entstandenen Seebrücken.

Was machen Sie beruflich?

B. W.: Wir arbeiten als Reisejournalisten. Ich habe Journalistik und Fotodesign studiert und war schon zu DDR-Zeiten als freier Journalist tätig. Von mir gibt es über 35 touristische, kulturgeschichtliche und länderkundliche Bücher.
K. S.: Ich bin Diplom-Sprachmittlerin, in Weimar war ich viele Jahre für das touristische Auslandsmarketing zuständig

und habe dadurch die Welt von London bis Tokio bereist. Jetzt arbeite ich mit Bernd zusammen, viel Zeit beanspruchen unsere 11 MARCO POLO Bände, die immer aktuell sein müssen, sowie die Website www.rasch-mal-weg.info, für die Bernd Redaktionsleiter ist.

Was prädestiniert Sie als Autoren dieses MARCO POLO Bandes?

B. W.: Wer sich in einer Region bestens auskennt, weiß, wann und wo etwas Neues passiert. Auch braucht man einen guten Draht zu den Menschen vor Ort. Besonders wichtig: Man muss die Region lieben! Da wir auch bei zahlreichen Fachveranstaltungen und Events dabei sind, besteht eine enge Bindung zu diesem Bundesland.

Wie sieht Ihre Freizeit aus?

K. S.: Beruf und Freizeit lassen sich oft nicht trennen. Aber dennoch: Ich liebe klassische Musik, einen guten Roman habe ich stets im Reisegepäck. Bernd versucht permanent, den Stapel Fachliteratur und Presseinformationen abzuarbeiten, was ihm nie gelingt, weil täglich Neues hinzukommt.

10 € GUTSCHEIN
für Ihr persönliches Fotobuch*!

Gilt aus rechtlichen Gründen nur bei Kauf des Reiseführers in Deutschland und der Schweiz

SO GEHT'S: Einfach auf www.marcopolo.de/fotoservice/gutschein gehen, Wunsch-Fotobuch mit den eigenen Bildern gestalten, Bestellung abschicken und dabei Ihren Gutschein mit persönlichem Code einlösen.

Ihr persönlicher Gutschein-Code: mp28gk6nxk

MARCO POLO

MEINE REISE
Die schönsten Erinnerungen

Erlebe Deine Bilder!

Zum Beispiel das MARCO POLO
FUN A5 Fotobuch für 7,49 €.

* Dies ist ein spezielles Angebot der fotokasten GmbH. Der Gutschein ist einmal pro Haushalt/Person einlösbar. Dieser Gutschein gilt nicht in Verbindung mit weiteren Gutscheinaktionen. Eine Barauszahlung ist nicht möglich. Gültig bis 31.12.2013. Der Gutschein kann auf www.marcopolo.de/fotoservice/gutschein auf alle Fotobuch-Angebote und Versandkosten (Deutschland 4,95 €, Schweiz 9,95 €) der fotokasten GmbH angerechnet werden. **powered by** fotokasten

www.marcopolo.de/fotoservice/gutschein

> BLOSS NICHT!

Ein paar Dinge, die Sie an der Ostseeküste vermeiden sollten

Fischwilderei begehen

Wer sein Glück ohne Erlaubnisschein zum Angeln versucht, begeht Fischwilderei. Das ist kein Kavaliersdelikt, sondern wird nach Paragraf 293 des Strafgesetzbuches geahndet. Die Fischmeister haben als offizielle Hilfsbeamte der Staatsanwaltschaft sogar polizeiliche Befugnisse.

Alles für Bernstein halten

Gelbbraune Kieselsteine oder abgeschliffene braune Glasscherben sehen oft wie Bernstein aus. Ob Ihr Strandfund wirklich Bernstein ist, stellen Sie durch die Reibeprobe schnell fest: Wird ein größeres Bernsteinstück an Stoff gerieben, lädt es sich im Gegensatz zum Kieselstein oder Glas elektrostatisch auf und zieht Papierschnitzel an. Bei kleinen Stücken bleibt die Probe meist erfolglos, in diesem Fall sollten Sie zwei Esslöffel Kochsalz in einem Glas Wasser auflösen. Bernstein schwimmt wegen seiner geringen Dichte, Kieselsteine und Glas dagegen sinken zu Boden.

Dünenschutz missachten

Dünen sind wichtig für den Küstenschutz und dürfen nur auf dafür vorgesehenen Wegen überquert werden. Strafen riskieren auch jene, die Burgen in den Dünen bauen; der Mindestabstand muss 2 m betragen.

Mückenschutz vergessen

Die kleinen Quälgeister können in einigen Regionen schöne Abende erheblich vermiesen. Mückenschutzmittel sollten Sie deshalb unbedingt parat haben.

Naturfrevel begehen

An der Küste stehen nicht wenige Pflanzen unter Naturschutz, beispielsweise Stranddistel und Meerkohl. Diese Gewächse dürfen nicht gepflückt oder ausgegraben werden.
In den mit einer Eule gekennzeichneten Naturschutzgebieten müssen Sie unbedingt auf den Wegen bleiben. Tabu sind Vogelschutzgebiete, so die Insel Langenwerder bei Poel, die Fährinsel vor Hiddensee sowie die Inseln Heuwiese und Beuchel.

Quallen übersehen

Harmlos ist die glasklare Ohrenqualle. Die gelb bis rot aussehende Nesselqualle dagegen sollten Sie nicht berühren, denn sie verursacht brennende Hautreizungen. Zu Recht wird sie deshalb auch als Feuerqualle bezeichnet.

Zu nah ans Steilufer

Sturm und Regen nagen unaufhaltsam am Steilufer. Kopf und Kragen riskiert daher, wer sich – beispielsweise bei Ahrenshoop und an der Kreideküste von Rügen – zu nahe an den Rand wagt.